JN412371

멘티와 매일매일 자수 3
두근두근
피크닉

멘티와 매일매일 자수 3

# 두근두근 피크닉

류성아 지음

# 작가의 말

〈멘티와 매일매일 자수〉 시리즈 두번째 주제였던 '휴식'에 이어
이번에 준비한 세번째 주제는 '여행'입니다.
일상에서 벗어난다는 의미로, 여행에는 다양한 형태가 존재하죠.
사랑하는 가족이나 연인과 함께 떠나는 캠핑,
맛있는 음식과 함께 지친 몸과 마음을 달래는 피크닉,
친구와 함께 떠나는 새로운 동네 카페 투어,
건강을 위해 혼자 오르는 등산도 여행일 수 있고요.
이런 시간들이 모여 다시 일상을 지낼 수 있는 힘이 됩니다.
여행을 생각하면 늘 두근거리고 신나요.
그런 설레는 마음으로, 여행이 떠오르는 물건이나
에피소드를 9가지 작품으로 풀어냈습니다.
작품을 수놓으며 지난 여행의 추억을 회상하거나
앞으로 여행을 더 설레게 맞이할 수 있는
시간이 되었으면 좋겠습니다. 감사합니다.

류성아
Menti

# 차례

## 작가의 말



## 스티치



## 실제 크기 도안



## 준비

## 도안

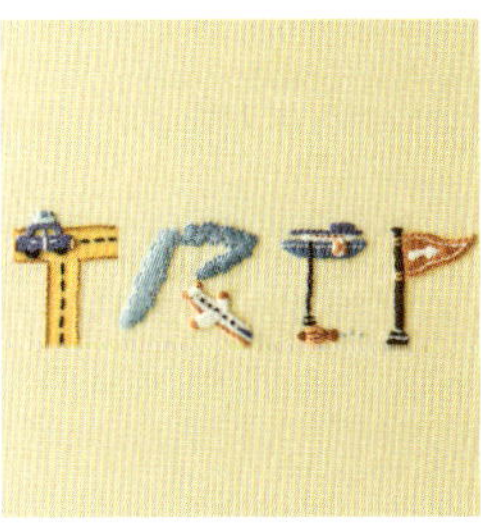

123-4567-8910

비행기를 탄 귀여운 판다를 수놓은 캐리어 네임태그로
여행을 더 특별하게 준비해보는 건 어떨까요?
뒷면에는 이름이나 좋아하는 문구를 수놓아 완성해보세요.

꼭 어디론가 멀리 떠나지 않아도
일상을 여행처럼 지내면 좋을 것 같아요.
마치 이 복슬복슬한 귀를 가진 토끼처럼요.

사랑하는 가족과 함께 떠나는
여행만큼 즐거운 게 또 있을까요?
휴대폰 번호를 수놓아 위트 있는 주차 번호판 완성!

환경을 생각하는 작은 실천은
당신을 더 멋진 사람으로 만들어요.
아플리케와 비즈를 포인트로 만든 작품을
텀블러 캐리어로 만들어보는 건 어떨까요?

영화 속 한 장면처럼
행복해 보이는
곰 커플이에요.
사랑하는 사람과
함께하는 인생은
마치 긴 여행과 같아요.

소풍 도시락 메뉴 중 으뜸은 바로 김밥이죠!
거기에 동글동글한 방울토마토와
밥알이 살아 있는 유부초밥까지,
보기만 해도 맛있고 배부르지 않나요?

알파벳 곳곳에 여행을 담아봤어요.
직접 만든 여권 케이스를 들고 떠난다면
짐을 싸는 순간부터 더 즐거울 거예요.

상상만 해도 시원한 깊은 바닷속.
올록볼록한 산호초를 가로지르며 헤엄치는 곰처럼
이번 여름에는 바다로 휴가를 떠나볼까요?

사랑하는 반려견과 함께 걷는 동네 한 바퀴.
기억하고 싶은 풍경들을 수놓아 캔버스 액자로 만들면
오래오래 그 순간을 기억할 수 있어요.

### 이 책의 활용법

- ✓ 책에는 아홉 개 작품에 사용된 도안과 스티치가 모두 수록되어 있습니다.
- ✓ 처음 보는 스티치가 있다면, 53쪽의 '스티치'를 참고하세요.
- ✓ 실제 크기 도안을 이용할 때는 수용성 심지에 도안을 옮겨 사용합니다.
- ✓ 프랑스자수가 처음이라면, 87쪽의 '준비'부터 차근차근 시작해보세요.

# 도안

• 실 명칭을 따로 표기하지 않은 실 번호는 DMC사의 자수실입니다.
• 도안 설명은 '실 번호(가닥 수) 스티치명'으로 표기했습니다.

◆ 비행기 탄 판다

**사용한 실**
167, 310, 350, 517, 760, 922, 3777, BLANC

**사용한 스티치**
레이지 데이지, 롱 앤드 쇼트, 백, 버튼홀, 새틴, 스트레이트, 스플릿, 아웃트라인, 체인, 코디드 디태치드 버튼홀, 프렌치 노트, 플라이

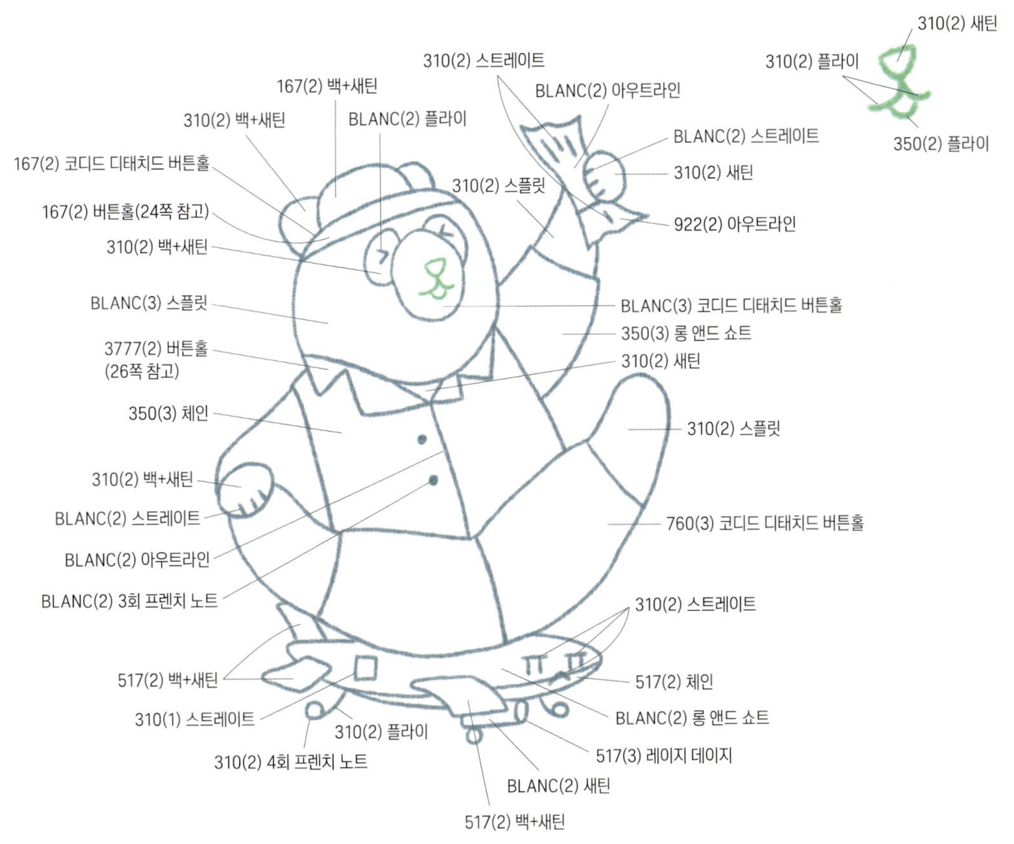


▶ 뒷장에 **모자챙**, **옷깃** 상세 설명이 있습니다.

# 모자챙, 옷깃

## 모자챙

1 백 스티치를 수놓습니다.

2 백 스티치에 버튼홀을 걸어줍니다.

3 양쪽 귀 사이 부분만 한 줄 걸어줍니다.

4 마지막 백 스티치 밑으로 바늘을 아래에서 위로 통과시킵니다.

5 다음 줄 백 스티치로 바늘을 넣어 오른쪽에서 왼쪽 귀 아래 백 스티치로 이동해 두번째 줄을 만듭니다.

6 첫 줄의 첫번째 고리 앞부터 바늘을 걸어 버튼홀을 걸어줍니다.

7 백 스티치 땀 아래로 바늘을 통과시킨 뒤 두 줄의 버튼홀을 더 수놓습니다.

8 끝 모서리에 바늘을 찔러 마무리합니다.

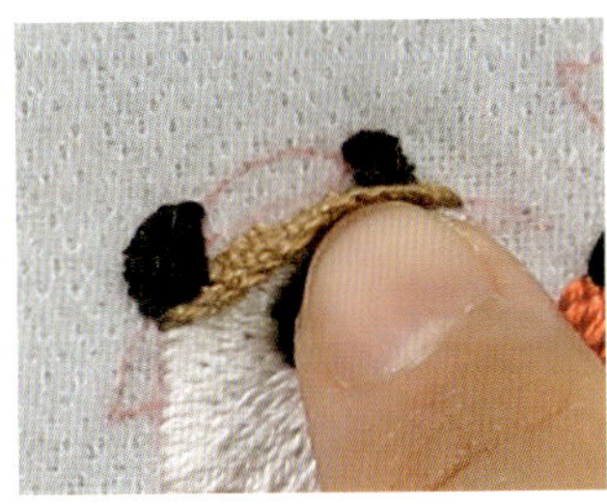

9 입체적인 모자챙 완성!

1 도안선에 맞춰 아우트라인 스티치 한 줄을 수놓습니다.

2 표시된 부분까지 버튼홀을 걸어줍니다.

3 버튼홀 사이 틈으로 바늘을 통과시키며 왼쪽으로 이동합니다.

4 같은 방법으로 버튼홀 스티치를 한 줄 더 수놓은 뒤 왼쪽으로 이동합니다.

5 이어서 버튼홀 스티치를 한 줄 더 수놓습니다.

6 사진처럼 틈으로 바늘을 통과시키며 아래까지 내려옵니다.

7 버튼홀이 끝나는 지점에 바늘을 찔러 마무리합니다.

8 옷깃의 왼쪽 부분이 완성된 모습.

9 같은 방법으로 오른쪽에 세 줄의 버튼홀 스티치를 수놓으면 오른쪽 부분 완성! (자세한 과정은 38쪽 참고)

## ◆ 사진 찍는 토끼

**사용한 실**

04, 151, 310, 453, 535, 543, 648, 701, 720, 742, 919, 3712, 3776, 3818, BLANC, E3821

**사용한 스티치**

레이지 데이지, 백, 버튼홀, 새틴, 스미르나, 스트레이트, 스플릿, 아웃트라인, 프렌치 노트, 플라이

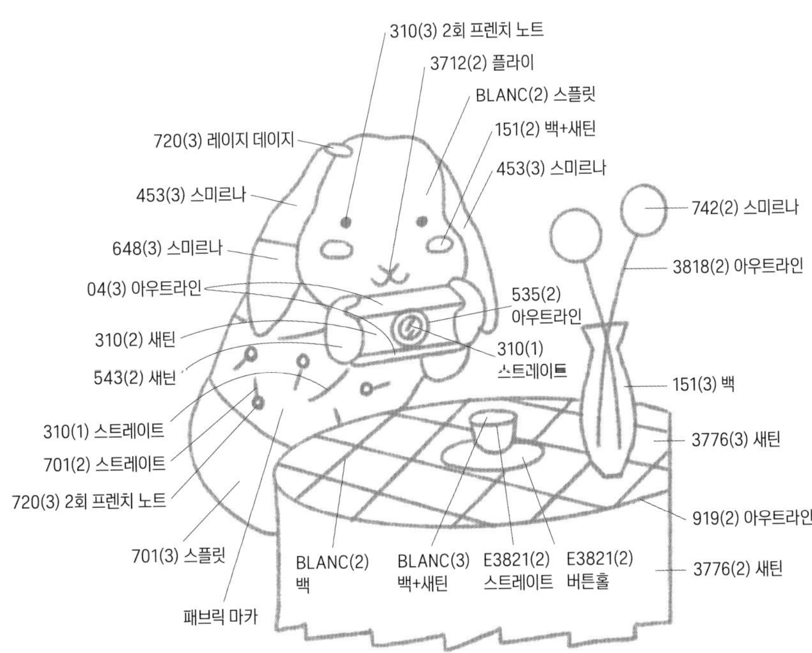

## ◆ 가족 여행

**사용한 실**

310, 469, 500, 501, 666, 721, 869, 992, BLANC

**사용한 스티치**

레이지 데이지, 롱 앤드 쇼트, 백, 불리언, 새틴, 스트레이트, 스플릿, 아웃트라인, 체인, 프렌치 노트, 플라이

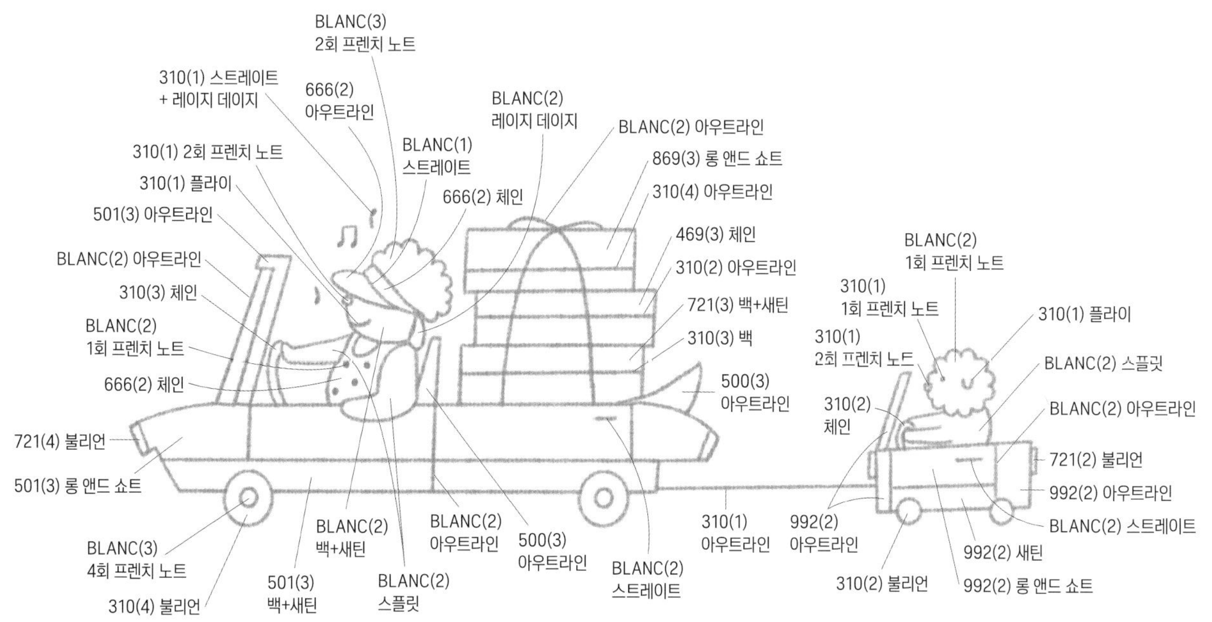

## ◆ 시원한 커피와 펭귄

**사용한 실**

02, 04, 310, 826, 910, 3799, 3851, BLANC, 비즈(2mm)

**사용한 스티치**

롱 앤드 쇼트, 버튼홀, 새틴, 스트레이트, 스플릿, 아웃트라인, 체인 휘프트 백, 카우칭, 코디드 디태치드 버튼홀, 플라이

▶ 뒷장에 **컵** 상세 설명이 있습니다.

# 컵

**아플리케**appliqué
바탕 천 위에 다른 천이나 레이스, 가죽 따위를 여러 가지 모양으로 오려 붙이고 그 둘레를 실로 꿰매는 수예.

**준비물**
펠트지, 양면 접착 심지

1 도안선 그림 위에 접착 심지를 올린 뒤 철필이나 볼펜으로 윤곽선을 옮겨 그립니다.

2 옮겨 그린 모습.

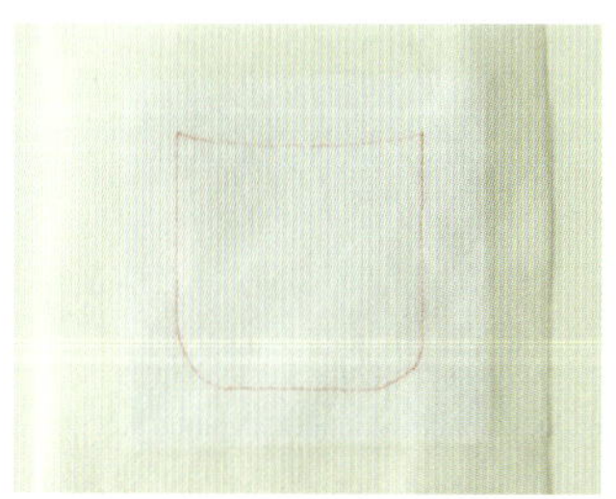

3 펠트지 위에 접착 심지를 올립니다.

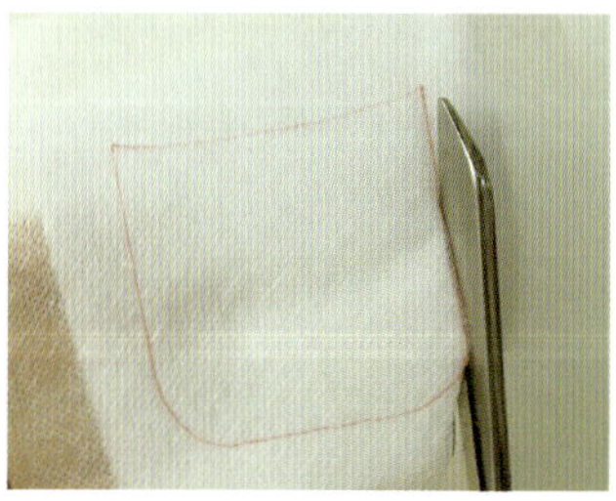

4 선을 따라 가위로 펠트지를 자릅니다.

5 수놓을 천 위에 펠트지를 올린 뒤 임시로 고정합니다.

6 펠트지 테두리 전체를 버튼홀 스티치로 수놓습니다.

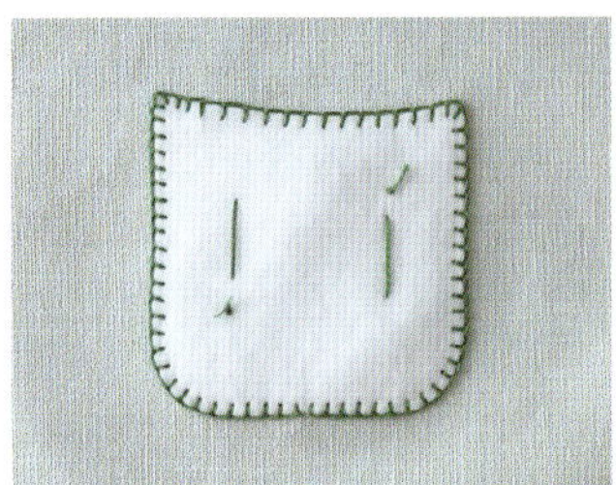

7 펠트지가 고정된 모습.

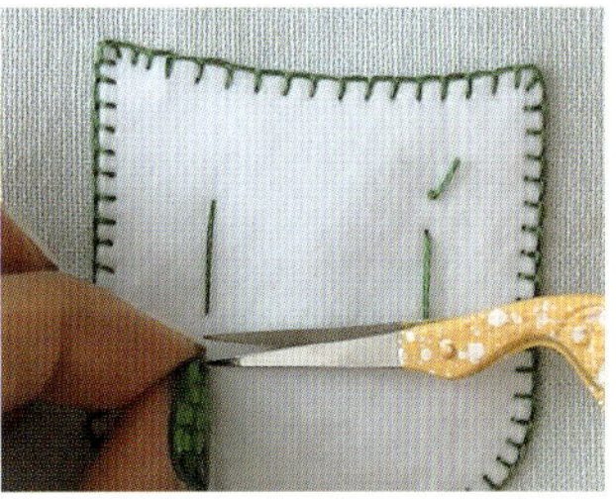

8 임시로 고정해둔 실을 자릅니다.

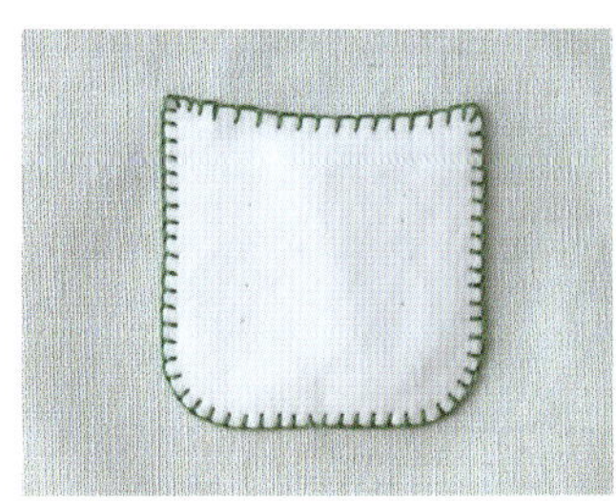

9 컵 완성!

10 펠트지에 남은 바늘 자국은 손으로 비벼 없앱니다.

11 구멍이 사라진 모습.

## ◆ 커플 오토바이

**사용한 실**

18, 310, 415, 435, 437, 445, 517, 645, 680, 898, 987, 996, 3021, 3772, 3833, BLANC

**사용한 스티치**

디태치드 버튼홀, 레이지 데이지, 롱 앤드 쇼트, 바스켓 필링, 백, 버튼홀, 불리언, 새틴, 스트레이트, 스플릿, 아웃라인, 체인, 코디드 디태치드 버튼홀, 프렌치 노트, 플라이

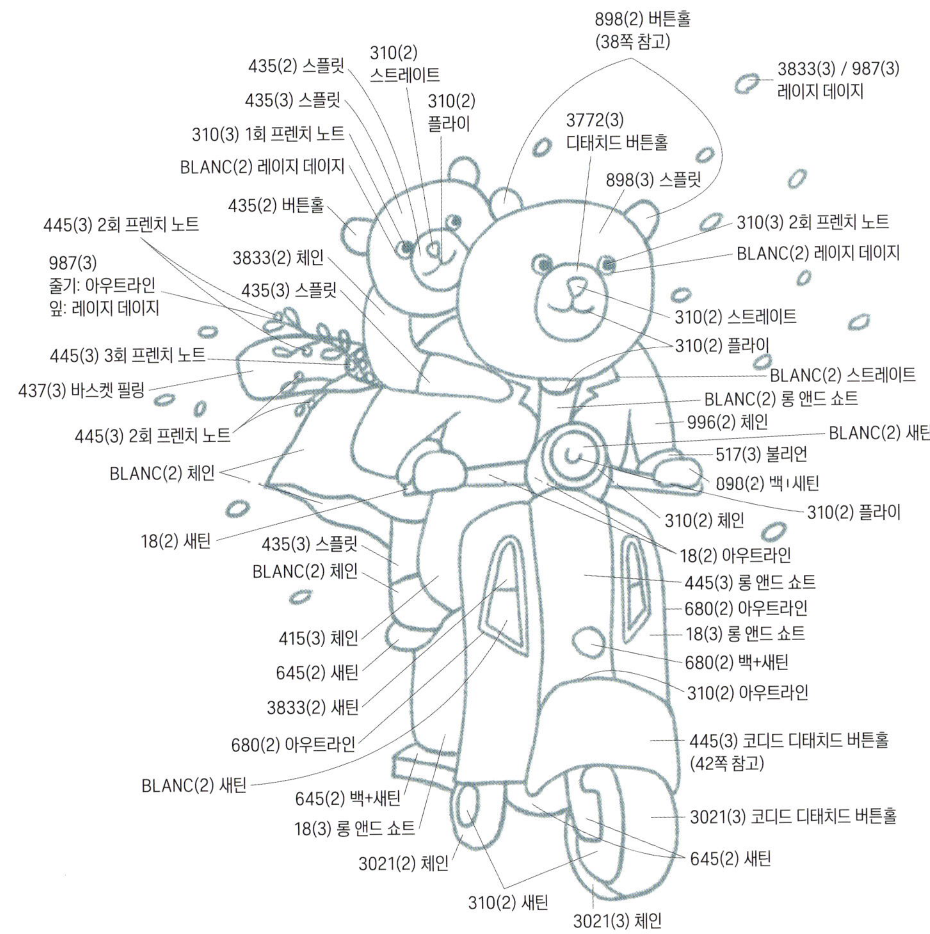


▶ 뒷장에 **귀**, **오토바이** 상세 설명이 있습니다.

# 귀, 오토바이

## 귀

1 귀 하단에 아웃트라인 스티치 한 줄을 수놓습니다.

2 이어서 왼쪽 시작점으로 올라옵니다.

3 바늘을 위에서 아래로 통과시킵니다.

4 만들어진 고리 안에 바늘을 통과시킵니다.

5 끝까지 당겨 버튼홀을 걸어줍니다.

6 두번째 땀 밑으로 바늘을 위에서 아래로 통과시킵니다.

7 만들어진 고리 안에 바늘을 통과시켜 당깁니다.

8 이 과정을 반복하여 총 5개의 버튼홀 스티치를 수놓습니다.

9 버튼홀 사이 틈에 바늘을 위에서 아래로 통과시켜 당깁니다.

10 다시 옆 버튼홀 사이 틈으로 바늘을 위에서 아래로 통과시켜 당깁니다.

11 두 번 더 반복하여 왼쪽으로 이동합니다.

12 첫번째와 두번째 버튼홀 사이 틈으로 바늘을 통과시켜 버튼홀을 만듭니다.

13 두번째와 세번째 버튼홀 사이 틈으로 바늘을 통과시켜 버튼홀을 만듭니다.

14 이 과정을 반복해 총 4개의 버튼홀 스티치를 수놓습니다.

15 버튼홀 사이 틈에 바늘을 통과시켜 당기며 왼쪽으로 이동합니다.

16 왼쪽으로 이동한 모습.

17 같은 방법으로 3개의 버튼홀 스티치를 수놓습니다.

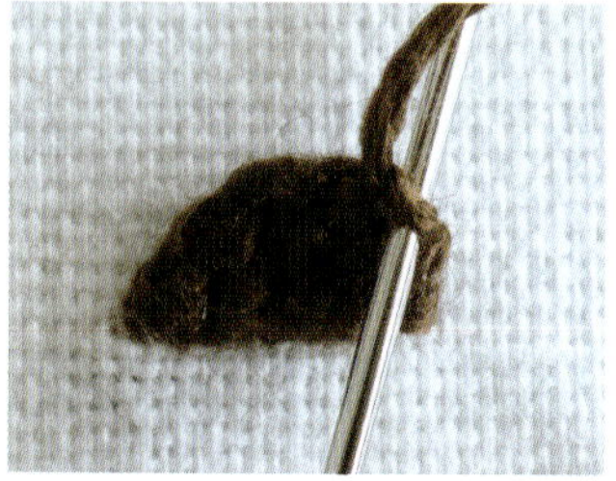

18 두번째와 세번째 줄 사이 틈으로 바늘을 뒤에서 앞으로 통과시킵니다.

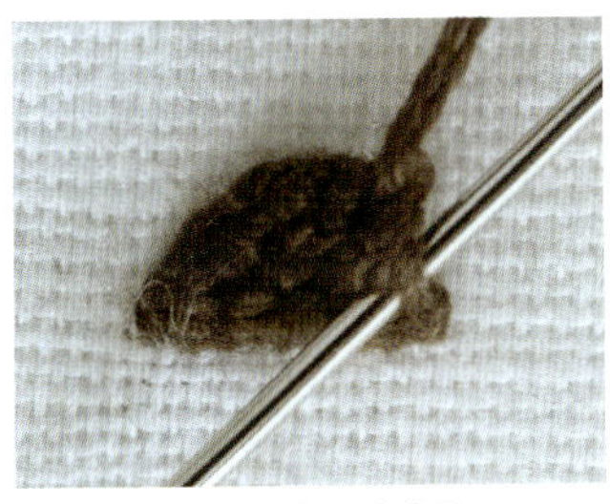

19 두번째와 첫번째 줄 사이 틈으로 바늘을 뒤에서 앞으로 통과시킵니다.

20 오른쪽 끝 모서리에 찔러 마무리합니다.

21 입체적인 곰돌이 귀 완성!

## 오토바이

1 테두리에 그림와 같이 백 스티치를 두릅니다.

2 시작점으로 올라와 버튼홀을 걸어줍니다.

3 첫번째 줄이 완성된 모습.

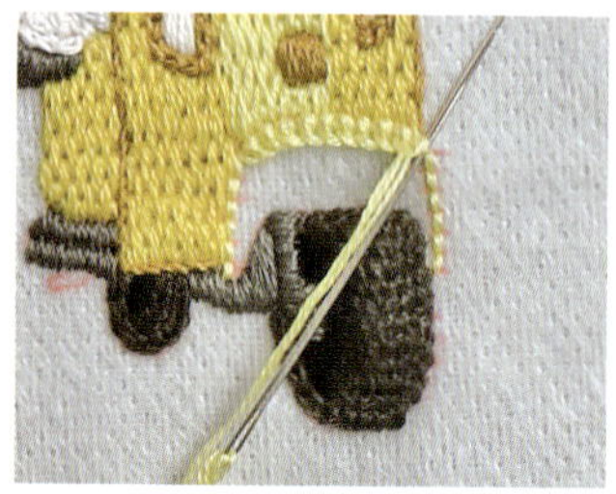

4 마지막 백 스티치 밑으로 바늘을 통과시킵니다.

5 왼쪽 하단 백 스티치로 바늘을 넣어 두번째 줄을 만듭니다.

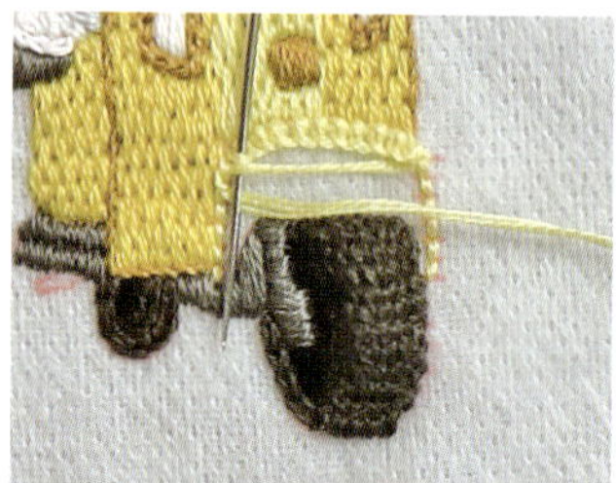

6 두번째 줄 버튼홀을 걸어줍니다.

7 두번째 줄이 완성된 모습.

8 같은 방법으로 면적을 채우며 내려옵니다.

9 비어 있는 속 공간에 솜을 넣습니다.

10 버튼홀을 한 줄 더 완성한 뒤, 다음 백 스티치와 윗줄 버튼홀을 함께 걸어 당깁니다.

11 같은 방법으로 다음 백 스티치와 버튼홀을 함께 걸어 당깁니다.

12 끝 점에 바늘을 넣어 마무리합니다.

13 반대편 백 스티치 땀구멍으로 올라와 윗줄 버튼홀 앞부분을 함께 걸어 당깁니다.

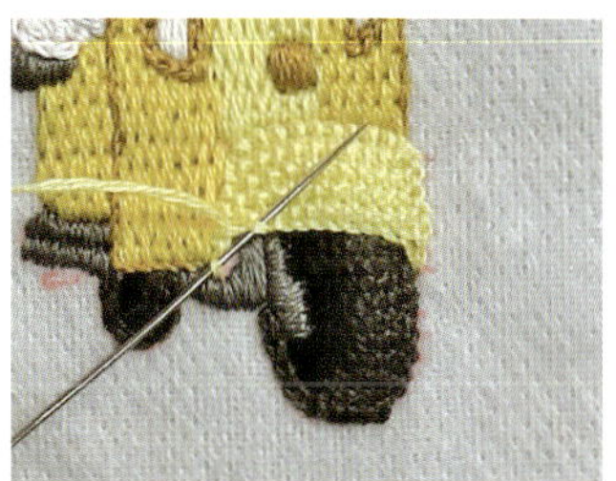

14 마지막 백 스티치와 버튼홀을 함께 걸어 휘감아 마무리합니다.

15 오토바이 완성!

◆ TRIP

**사용한 실**

310, 517, 518, 519, 782, 792, 920, 922, 964, 3371, BLANC

**사용한 스티치**

롱 앤드 쇼트, 백, 불리언, 새틴, 스트레이트, 아웃라인, 체인, 프렌치 노트, 플라이

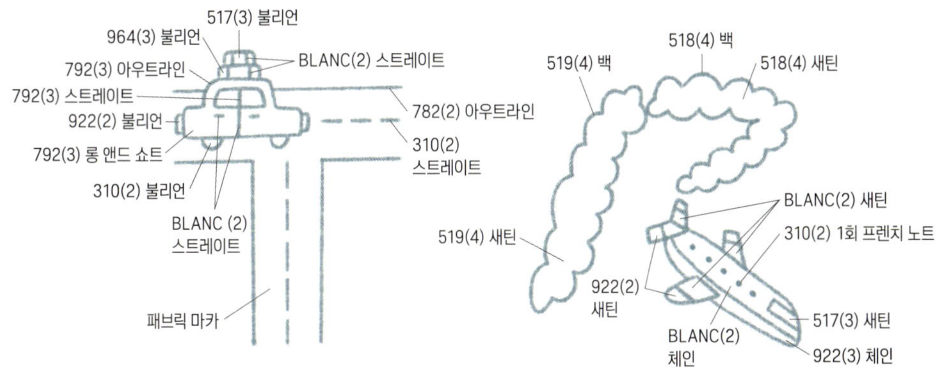


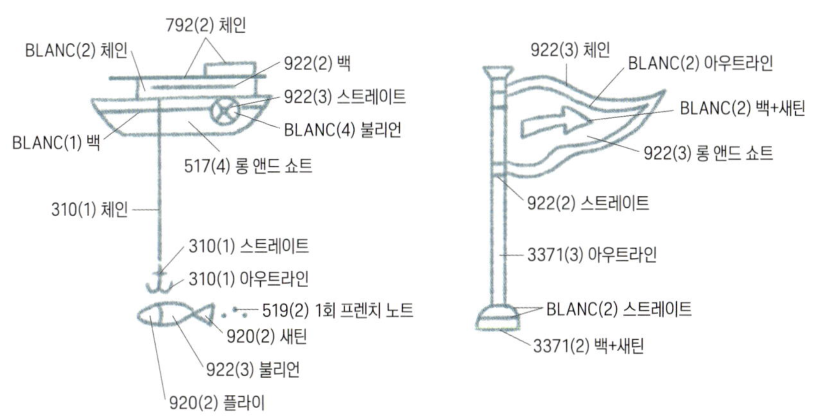

◆ 헤엄치는 곰

**사용한 실**

310, 336, 415, 517, 553, 604, 741, 793, 899, 911, 954, 996, 3837, 3862, BLANC

**사용한 스티치**

레이지 데이지, 롤, 바스켓 필링, 백, 버튼홀, 새틴, 스플릿, 아우트라인, 체인, 페더, 프렌치 노트, 플라이, 플랫

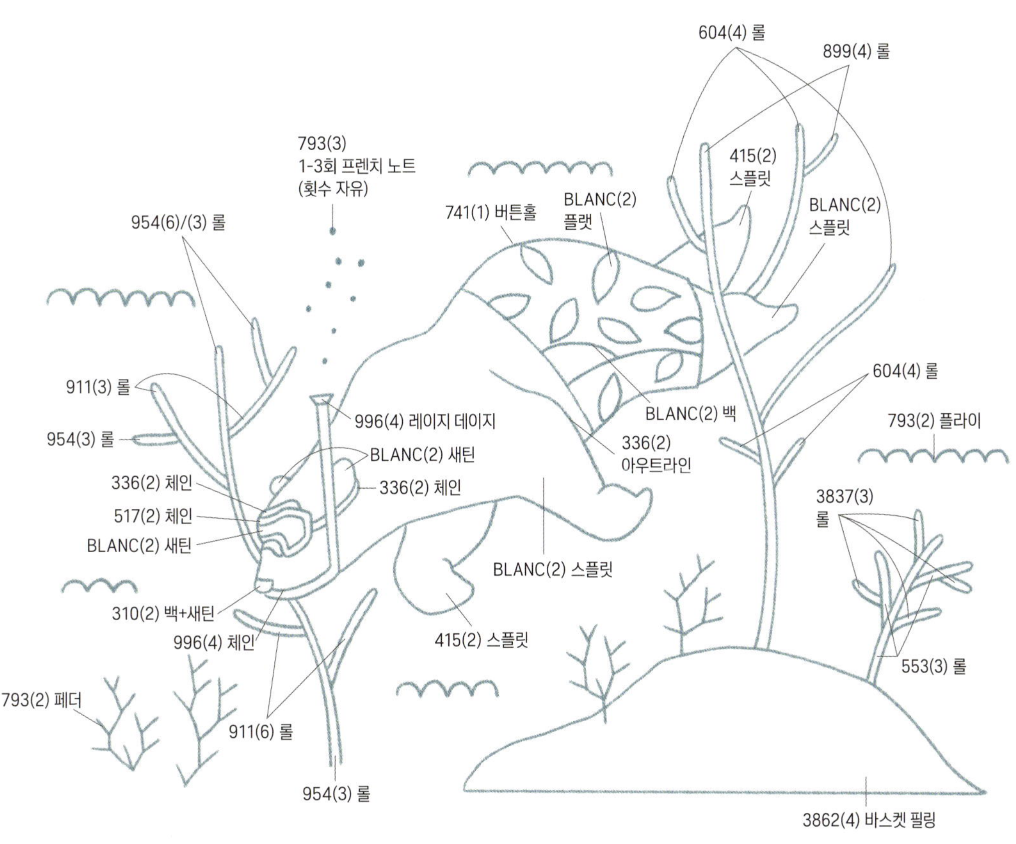


▶ 롤 스티치를 수놓는 부분은 전부 먼저 6가닥으로 뼈대를 만든 뒤 해당 가닥 수만큼 감아 진행합니다.

◆ 강아지와 자전거

**사용한 실**

03, 300, 307, 310, 420, 436, 712, 738, 797, 820, 898, 3021, 3371, 3799

**사용한 스티치**

레이지 데이지, 롱 앤드 쇼트, 바스켓 필링, 백, 새틴, 스트레이트, 아웃라인, 프렌치 노트, 플라이

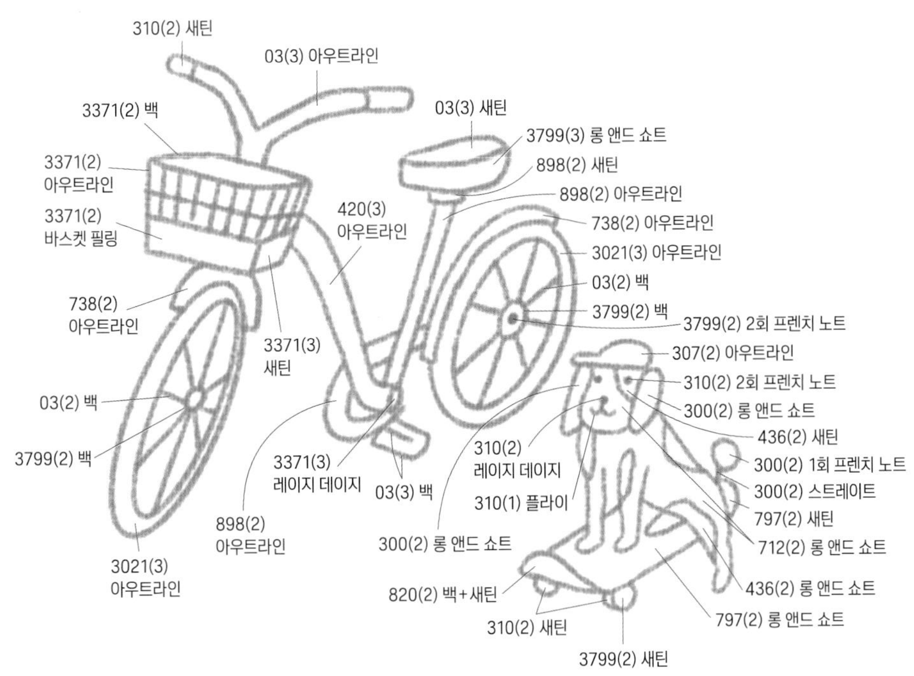

## ◆ 피크닉 도시락

**사용한 실**

310, 350, 407, 436, 743, 780, 905, 946, 3865, 모쿠바 리본 348(3.5mm)

**사용한 스티치**

디태치드 버튼홀, 레이지 데이지, 백, 불리언, 새틴, 스플릿, 아웃트라인, 프렌치 노트, 플라이

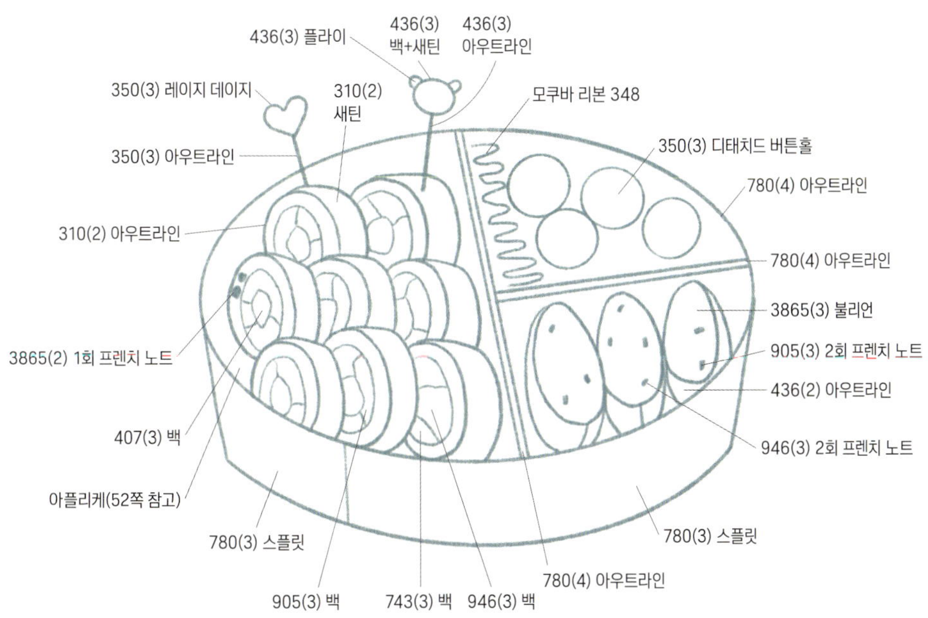


▶ 뒷장에 **도시락 바닥** 상세 설명이 있습니다.

## 도시락 바닥

**준비물**
조각 천, 양면 접착 심지

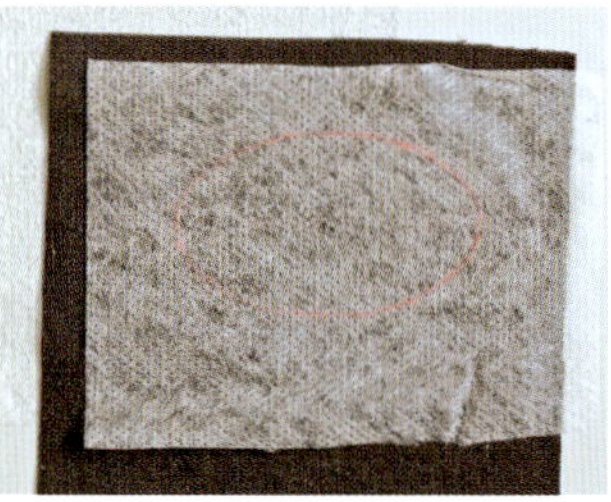

1 도안선 그림을 접착 심지에 옮겨 그린 뒤 조각 천 위에 올립니다.

2 선을 따라 가위로 접착 심지와 조각 천을 자릅니다.

3 수놓을 천 위에 접착 심지와 조각 천을 겹쳐 올린 뒤 다리미로 열을 가해 붙입니다.

4 조각 천을 붙인 모습.

5 조각 천 테두리에 아우트라인 스티치 2줄을 수놓습니다.

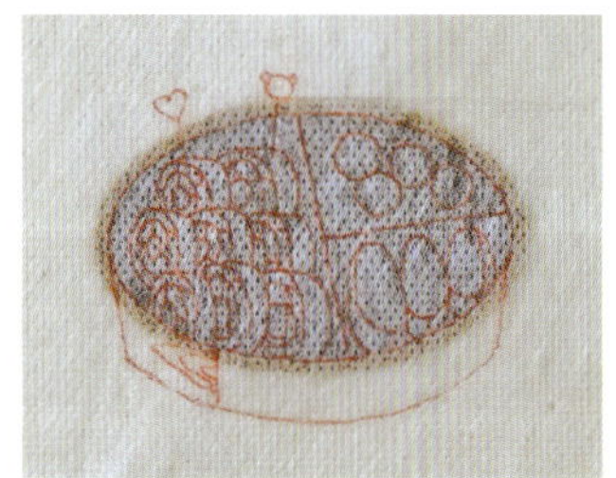

6 접착 심지 위에 나머지 도안선을 옮겨 그린 뒤 조각 천에 맞춰 올립니다.

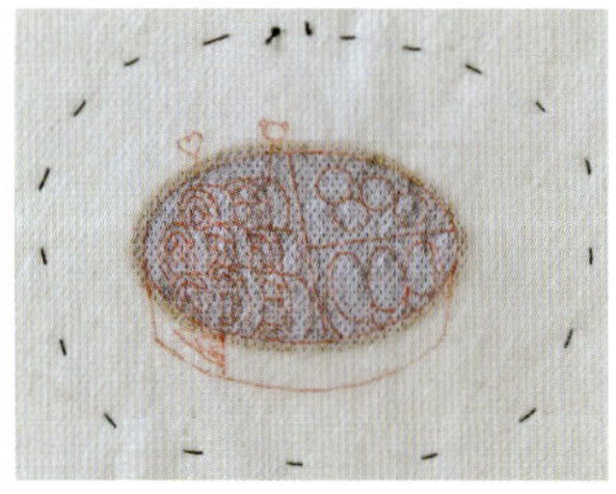

7 움직이지 않도록 시침질로 접착 심지를 고정한 뒤 수놓습니다.

# 스티치

# 디태치드 버튼홀 스티치

1 먼저 사진처럼 동일한 간격으로 백 스티치(61쪽)를 수놓아주세요.

2 시작점의 땀 구멍으로 실을 끝까지 당겨 올라옵니다.

3 백 스티치 땀 아래 바늘을 통과시켜주세요.

4 실을 바늘 아래에 걸친 뒤 바늘을 당기세요.

5 첫번째 버튼홀 완성!

6 바로 옆 백 스티치 땀 아래 바늘을 통과시킨 뒤 같은 방법으로 바늘을 당기세요.

7 동일한 방법으로 모든 백 스티치에 버튼홀을 걸어주세요.

8 첫번째 줄이 완성된 모습.

9 첫번째 버튼홀과 두번째 버튼홀 중간에 바늘을 걸어 두번째 줄 버튼홀을 시작합니다.

10 동일한 방법으로 버튼홀을 걸어주세요.

11 중간 과정 모습.

12 다음 줄은 과정이 잘 보이도록 실 색을 바꿔봤습니다.

13 두번째 줄 첫번째 버튼홀에 바늘을 걸어 세번째 줄을 시작하세요.

14 세번째 줄이 완성된 모습.

15 바로 옆 버튼홀을 제외하고, 그다음 버튼홀에 바늘을 걸어 네번째 줄을 시작합니다.

16 앞과 동일한 방법으로, 새로운 줄을 시작할 때 버튼홀을 하나씩 건너뛰어 시작하세요.

17 입구가 좁아지면 남아 있는 자투리 실을 준비합니다.

18 바늘귀, 또는 가위 끝을 이용해 입체감이 생길 정도로 솜이나 자투리 실을 넣습니다.

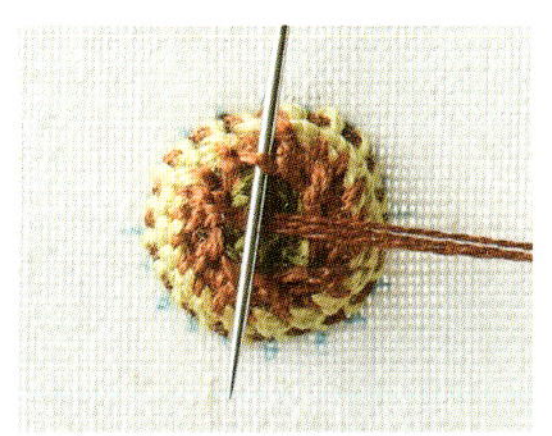

19 이어서 버튼홀을 하나씩 건너뛰어가며 바늘을 걸어서 면적을 채웁니다.

20 입구가 전부 막힌 모습.

21 중앙으로 바늘을 넣어 실을 끝까지 내려주세요.

22 원형의 디태치드 버튼홀 스티치 완성!

23 측면에서 바라본 입체적인 모습.

## 레이지 데이지 스티치

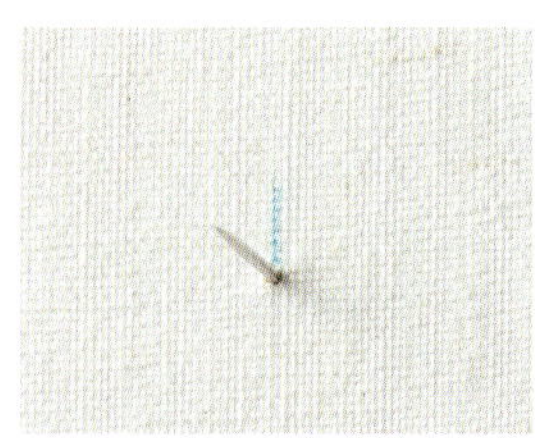

1 시작점에서 바늘을 올려 실을 끝까지 당기세요.

2 실을 위로 향하게 두고 바늘을 다시 시작점으로 넣습니다.

3 실을 당기지 않은 채 바로 이어 위로 올라와 실을 끝까지 당기세요.

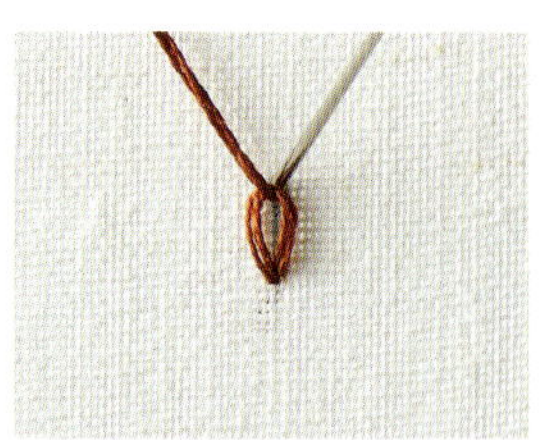

4 가까운 바깥 중앙으로 땀을 잡아 고정시킵니다.

5 레이지 데이지 스티치 완성!

## 롤 스티치

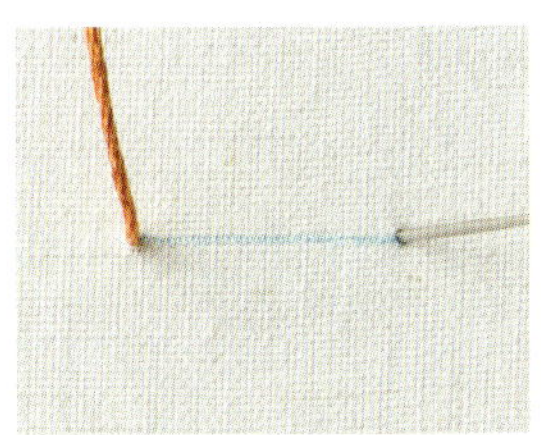

1 도안선 시작점에서 바늘을 끝까지 올린 뒤 도안선 끝나는 부분으로 찔러 내려가 길게 한 땀을 잡습니다.

2 이어서 꼭짓점과 가깝게 위로 올라와 실을 끝까지 당기세요.

3 기둥(맨 처음 길게 잡은 땀) 아래로 바늘을 통과시켜주세요.

4 끝까지 당겨 휘감아주세요.

5 반복해 휘감습니다.

6 기둥을 전부 휘감으면 마무리합니다.

7 롤 스티치 완성!

# 롱 앤드 쇼트 스티치

1 도안에 맞게 선을 그려주세요.

2 왼쪽 상단을 시작으로 바늘을 올립니다.

3 두 칸(롱) 아래로 바늘을 넣어 끝까지 당기세요.

4 다시 시작점 옆으로 가깝게 올라옵니다.

5 이번엔 한 칸(쇼트) 아래로 바늘을 넣어 끝까지 당기세요.

6 다시 옆 땀과 가깝게 올라오세요.

7 두 칸 아래로 바늘을 넣어 당기세요.

8 다시 한 칸 채워주세요.

9 롱과 쇼트를 번갈아 반복해 전부 채웁니다.

10 첫번째 줄 쇼트 아래 땀 구멍에 맞춰 올라오세요.

11 롱이 되도록 두 칸 아래에 내려와 바늘을 넣어주세요.

12 첫번째 줄의 모든 쇼트 땀 구멍에 맞춰 롱으로 채웁니다.

13 두번째 줄까지 완성된 모습.

14 첫번째 줄 롱 아래 땀 구멍에 맞춰 올라와 한 칸을 채워주세요.

15 첫번째 줄 모든 롱 땀 구멍에 맞춰 쇼트로 채웁니다.

16 롱 앤드 쇼트 스티치 완성!

# 바스켓 필링 스티치

1 도안선 왼쪽 상단 꼭짓점으로 올라와 세로로 한 땀 수놓습니다.

2 3~4mm 간격을 벌려 세로로 한 땀 수놓습니다.

3 같은 간격으로 도안선 끝까지 반복해 세로 땀을 채웁니다.

4 오른쪽 상단 꼭짓점 살짝 아래에서 바늘을 올려 끝까지 당겨주세요.

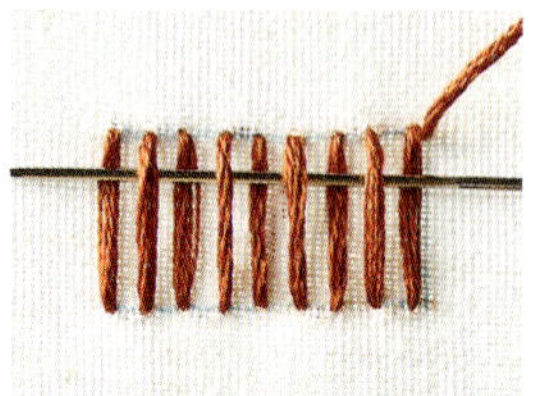

5 세로 땀 하나씩 건너뛰면서 바늘을 왼쪽으로 이동합니다.

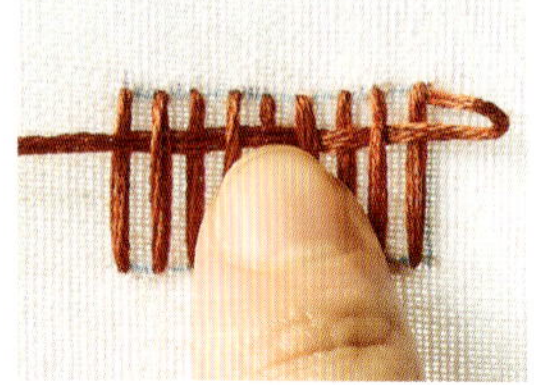

6 사진처럼 손끝으로 실이 내려가지 않게 잡아주면 훨씬 수월해요.

7 평행이 되는 위치에 바늘을 넣어 땀을 잡아 실을 끝까지 당깁니다.

8 원하는 간격을 두고 첫번째 줄 아래에서 올라옵니다.

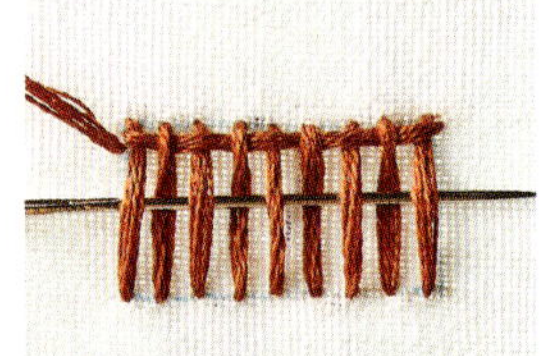

9 반대 방향으로 바늘을 이동하는데, 윗줄과 엇갈리게 엮어 바늘을 이동합니다.

10 평행이 되는 위치에 바늘을 넣어 땀을 잡아 실을 끝까지 당깁니다.

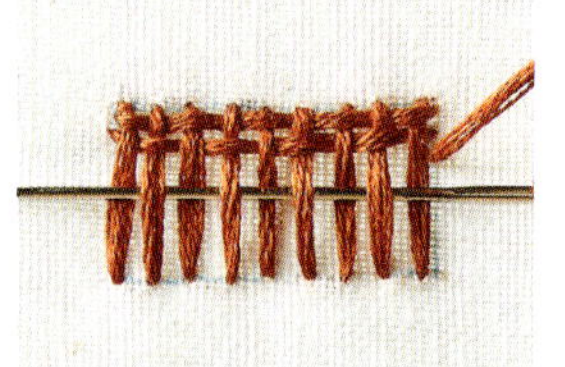

11 동일한 방법으로 반복해 면적을 채웁니다.

12 바스켓 필링 스티치 완성!

## 백 스티치

1 시작점에서 실을 끝까지 당겨 올라옵니다.

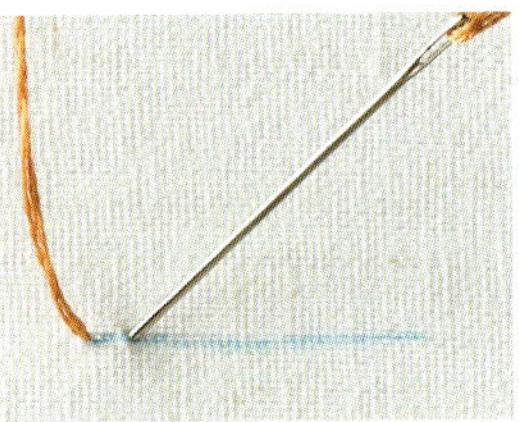
2 한 땀 잡아 내려가고,

3 실을 끝까지 당깁니다.

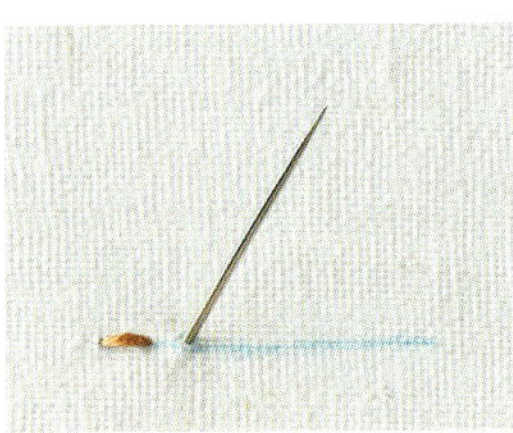
4 앞에 잡아준 땀과 같은 길이를 두고 바늘을 올립니다.

5 앞 땀의 끝 구멍으로 바늘을 넣어 끝까지 당깁니다.

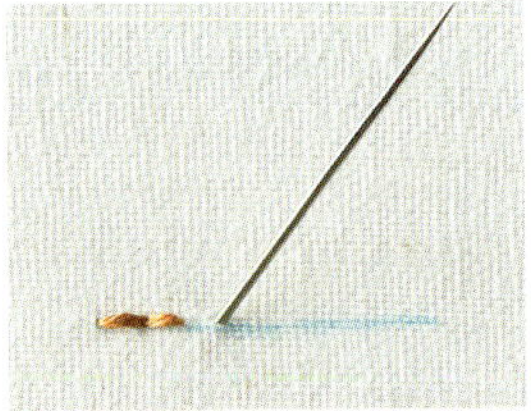
6 다시 같은 간격으로 올라옵니다.

7 다시 앞 땀의 끝 구멍으로 넣는 과정을 반복해 수놓습니다.

8 백 스티치 완성!

# 버튼홀 스티치

1 두 줄로 된 도안선을 그립니다.

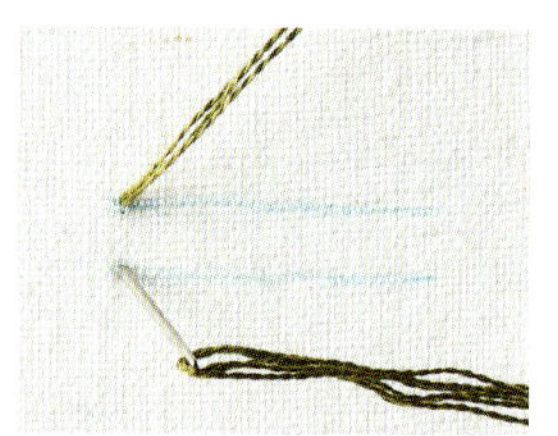

2 윗줄의 시작점으로 올라온 뒤 아랫줄로 내려가면서 한 땀 수놓습니다.

3 시작점 왼쪽으로 가깝게 올라와 실을 끝까지 당깁니다.

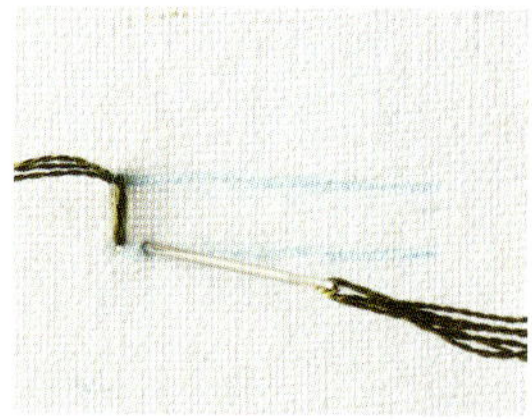

4 아랫줄로 다시 내려가는데, 원하는 간격만큼 이동해 바늘을 반만 넣습니다.

5 바로 이어서 직선이 되는 윗줄에 바늘을 반만 찔러 올라옵니다.

6 실을 오른쪽으로 이동해 바늘에 걸친 다음,

7 바늘을 올려 실을 끝까지 당깁니다.

8 다시 간격을 띈 아랫줄로 바늘을 찔러 넣고,

9 바로 이어 윗줄로 올라옵니다.

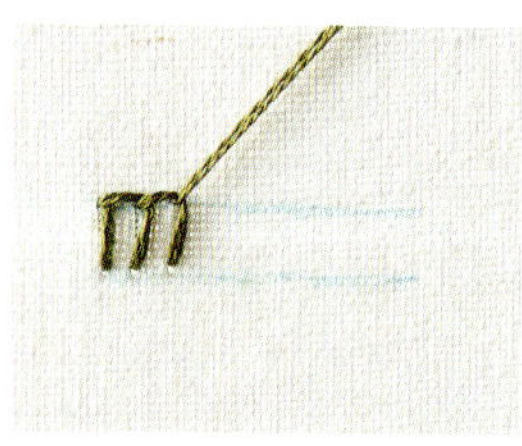

10 이때 실을 끝까지 당깁니다.

11 동일한 방법으로 도안선 끝까지 채운 뒤, 가까운 바깥쪽으로 바늘을 찔러 내려가 마무리합니다.

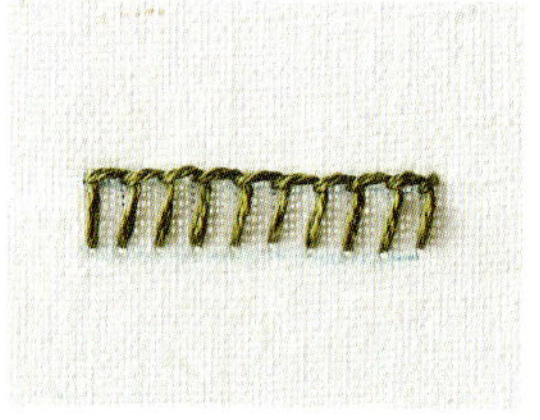

12 버튼홀 스티치 완성!

# 불리언 스티치

1 도안선 시작점으로 올라와 실을 끝까지 당겨주세요.

2 반대쪽 끝으로 바늘을 찌른 뒤, 시작점과 가까운 쪽으로 올라와 바늘을 밀어줍니다.

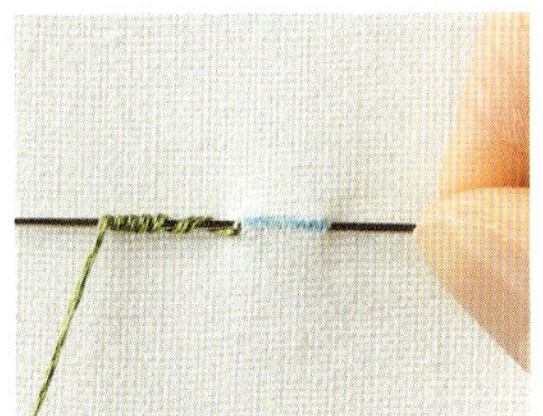

3 바늘에 실을 감아줍니다.

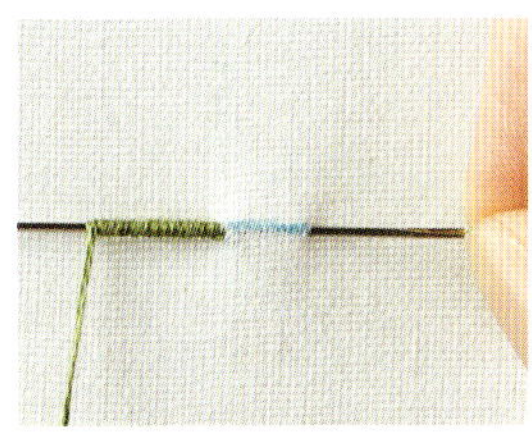

4 바늘로 잡은 땀의 길이보다 조금 더 길게 촘촘히 감아주세요.

5 빠지지 않도록 감아준 부분의 끝을 잡은 뒤,

6 실이 뭉쳐 있는 부분을 잡은 상태에서 바늘만 잡아당깁니다.

7 끝까지 당겨 조입니다.

8 가지런히 실을 정돈해주세요.

9 아래 실이 안 보일 때까지 조입니다.

10 오른쪽 땀에 바늘을 찔러 넣습니다.

11 불리언 스티치 완성!

# 비즈 달기

1 비즈를 달 위치에서 올라와 실을 끝까지 당겨주세요.

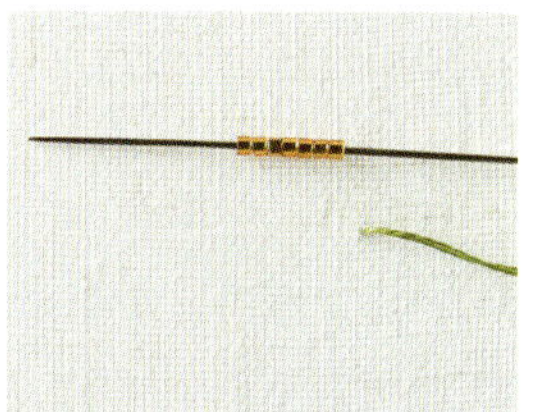

2 바늘에 비즈를 원하는 개수만큼 끼웁니다.

3 고정하고 싶은 위치에 바늘을 찔러 내려갑니다.

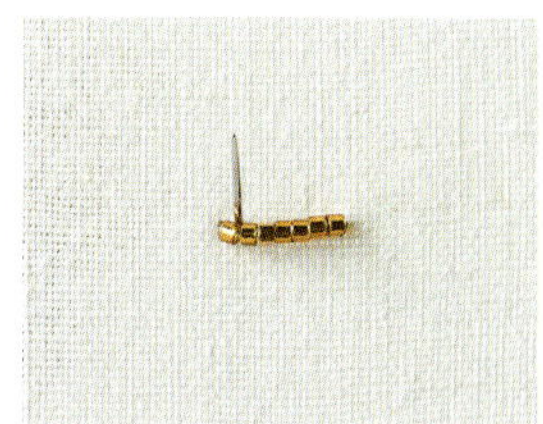

4 비즈와 비즈 사이로 올라온 뒤,

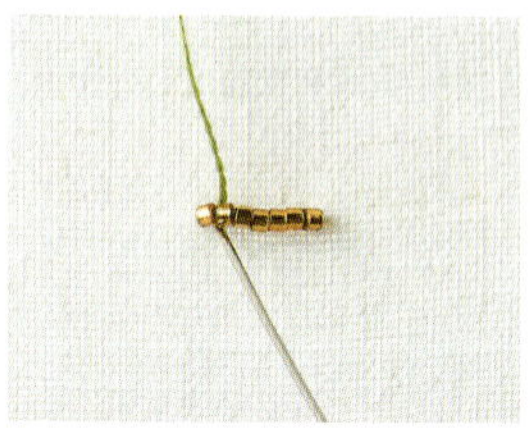

5 세로로 한 땀 잡아 고정시킵니다.

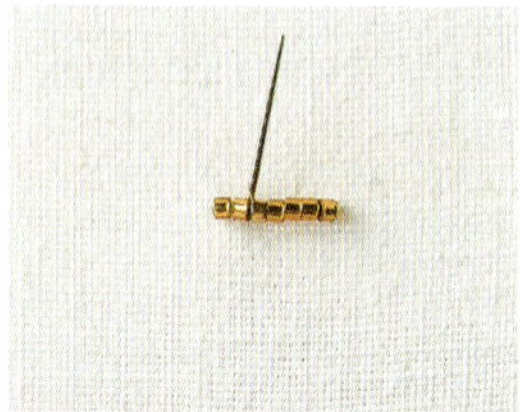

6 옆 비즈 사이로 이동해 올라옵니다.

7 같은 방식으로 고정시킵니다. 비즈의 개수만큼 반복합니다.

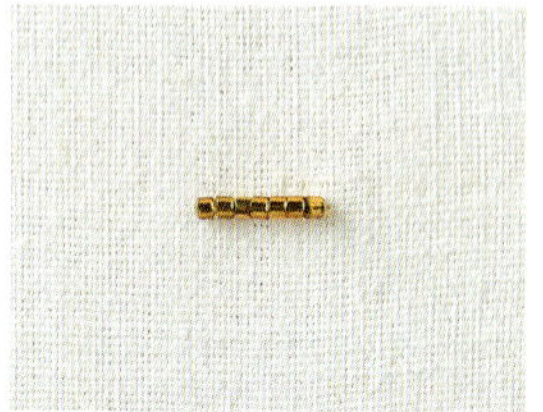

8 비즈 달기 완성!

# 새틴 스티치

1 먼저 도안선을 따라 백 스티치(61쪽)로 수놓아주세요.

2 백 스티치로 수놓은 부분 바깥쪽 가운데로 올라와 시작합니다.

3 세로 방향으로 직선 한 땀을 수놓습니다. 이때 백 스티치 바깥으로 땀을 잡아 백 스티치를 덮어 수놓습니다.

4 다시 시작점과 가깝게 붙여 올라옵니다.

5 다시 세로 방향으로 직선의 한 땀을 수놓으세요.

6 반복해 채웁니다.

7 반이 채워진 모습.

8 반대편을 채울 때는 뒷면에서 실 밑으로 바늘을 통과시켜 이동하면 깔끔해요!

9 다시 앞면의 중앙으로 올라온 다음,

10 반대편도 동일한 방법으로 채워줍니다.

11 새틴 스티치 완성!

◆ 예시에서는 백 스티치를 수놓은 후 새틴 스티치를 진행했지만, 백 스티치는 생략 가능합니다. 단, 백 스티치 위에 새틴 스티치를 수놓으면 형태를 더 정확하게 채울 수 있고, 볼륨감도 생기므로 때에 따라 추천합니다.

# 스미르나 스티치

1 실을 바늘에 끼운 뒤 매듭을 짓지 않은 채 도안선 시작점보다 한 땀 뒤로 바늘을 넣어주세요.

2 실을 천천히 당겨 적당한 길이만큼 남깁니다.

3 도안선 시작점으로 올라와 실을 끝까지 당겨주세요.

4 남겨둔 실을 기준으로 반대쪽에 바늘을 넣어 한 땀 잡아주세요.

5 바로 이어서 맨 처음 바늘을 넣었던 구멍으로 올라온 뒤 실을 끝까지 당깁니다.

6 실을 다시 아래로 내려서 사진과 같이 간격을 맞춰 한 땀 잡습니다.

7 실을 천천히 당겨 적당한 크기의 고리를 남긴 뒤 사진과 같이 바늘을 올려주세요.

8 실을 끝까지 당긴 뒤 사진과 같이 다시 바늘을 넣어 한 땀 잡습니다.

9 이어서 왼쪽 땀 구멍으로 올라온 뒤,

10 실을 당깁니다. 도안선 끝까지 과정을 반복합니다.

11 끝 실을 자릅니다.

12 남은 고리들도 전부 자릅니다.

13 원하는 길이만큼 실을 잘라 정돈합니다.

14 스미르나 스티치 완성!

## 스트레이트 스티치

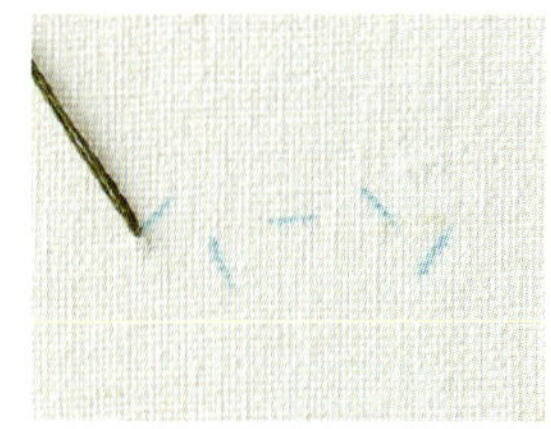

1 도안선 시작점으로 바늘을 올려 실을 끝까지 당깁니다.

2 도안선 끝으로 바늘을 넣어 한 땀 수놓아주세요.

3 스트레이트 스티치 완성!

4 사진과 같이 다양한 각도로 수놓을 수 있습니다.

# 스플릿 스티치

1 도안선 시작점으로 바늘을 올려 실을 끝까지 당겨줍니다.

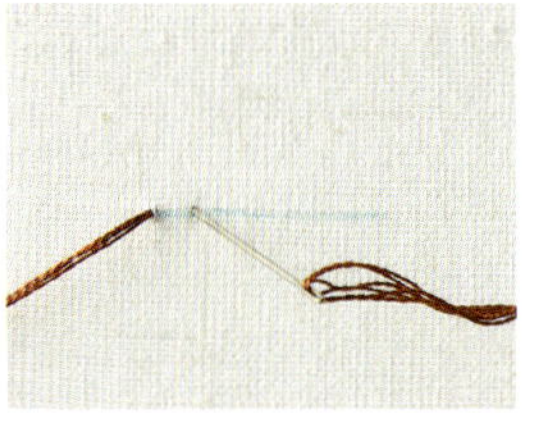

2 옆으로 한 땀 수놓은 뒤,

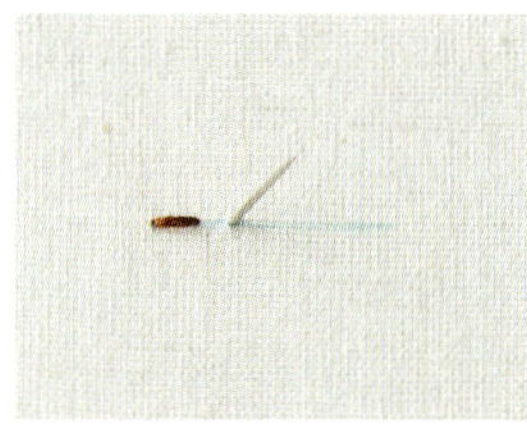

3 한 땀 뒤에서 올라옵니다.

4 앞에 수놓은 땀 위에 바늘을 넣어 통과시킵니다.

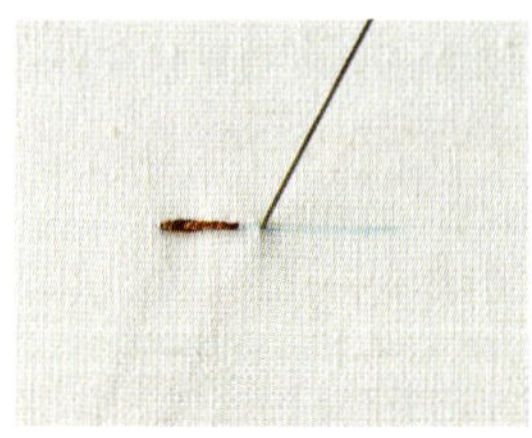

5 다시 한 땀 뒤에서 올라옵니다.

6 다시 앞의 땀 중간으로 바늘을 넣어 통과시킵니다.

7 반복해 수놓습니다.

8 스플릿 스티치 완성!

## 아우트라인 스티치

1 도안선 시작점으로 바늘을 올려 실을 끝까지 당깁니다.

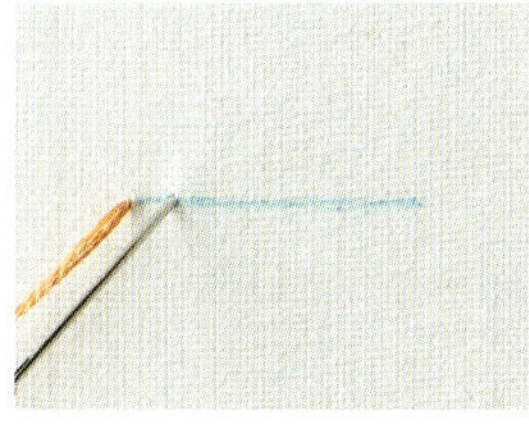

2 옆으로 바늘을 찔러 내려간 뒤,

3 이어서 중앙으로 올라와 실을 끝까지 당기세요.

4 실을 아래로 내린 뒤 다시 같은 간격으로 한 땀 찔러 내려갑니다.

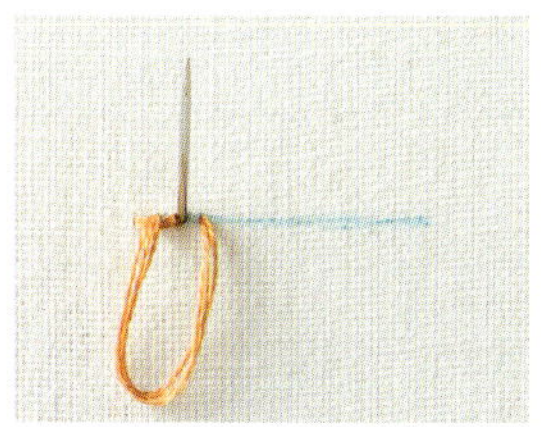

5 왼쪽 땀 구멍으로 올라와 당겨주세요.

6 실을 아래로 내린 뒤 앞의 과정을 반복해 수놓습니다.

7 도안선 끝까지 채우면, 끝 선에 맞춰 내려가 마무리합니다.

8 아우트라인 스티치 완성!

# 체인 스티치

1 도안선 시작점으로 올라와 실을 끝까지 당기세요.

2 같은 땀구멍으로 바늘을 찔러 내려간 뒤,

3 바로 이어서 한 땀 잡아 올라옵니다.

4 실을 위로 당기세요.

5 끝까지 당기면 원이 만들어집니다.

6 방금 나왔던 원 안쪽 땀 구멍으로 바늘을 찔러 내려간 뒤,

7 이어서 한 땀 위로 올라와 찔러주세요.

8 실을 끝까지 당기세요.

9 앞의 과정을 반복합니다.

10 선을 모두 채웠다면, 가까운 바깥쪽 정중앙을 찔러 내려가 마무리해주세요.

11 체인 스티치 완성!

## 체인 휘프트 백 스티치

1 체인 스티치를 한 줄 수놓습니다.

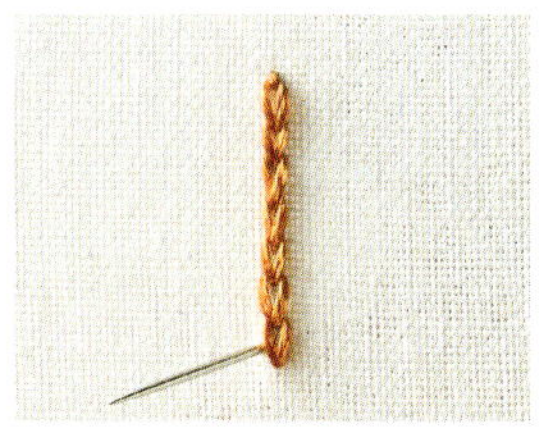

2 사진처럼 시작 땀 왼쪽으로 가깝게 올라옵니다.

3 바로 위 체인 스티치 땀 밑으로 바늘을 통과시킵니다.

4 실을 끝까지 당겨 휘감습니다.

5 같은 방법으로 반복해 진행합니다.

6 마지막 체인 스티치 땀 오른쪽에 가깝게 바늘을 찔러 내려가 마무리합니다.

7 체인 휘프트 백 스티치 완성!

# 카우칭 스티치

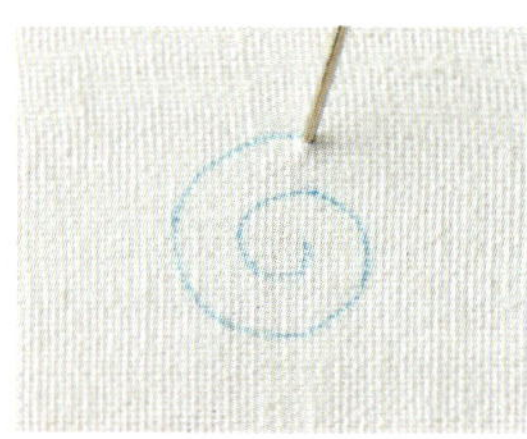

1 도안선 시작점으로 올라와 실을 끝까지 당기세요.

2 두번째 실을 준비해 시작점으로부터 원하는 간격으로 땀 위치를 잡아 올라옵니다.

3 첫번째 실을 감싸며 올라왔던 땀 구멍으로 찔러 내려갑니다.

4 실을 끝까지 당겨 고정시켜주세요.

5 도안선을 따라 동일한 간격으로 올라온 뒤,

6 같은 방법으로 고정시킵니다.

7 도안선을 따라가며 반복합니다.

8 도안선 끝까지 다다르면 첫번째 실을 끝 선에 맞춰 찔러 내려가 마무리합니다.

9 카우칭 스티치 완성!

## 코디드 디태치드 버튼홀 스티치

1 먼저 도안선을 백 스티치(61쪽)로 수놓습니다.

2 왼쪽 상단으로 올라옵니다.

3 바늘을 상단의 첫번째 백 스티치 땀 아래로 통과해 사진처럼 걸어주세요.

4 실을 당겨 버튼홀을 걸어줍니다.

5 다시 두번째 백 스티치 실 아래로 바늘을 통과해 두번째 버튼홀을 걸어줍니다.

6 두 개의 버튼홀이 만들어진 모습.

7 앞의 과정을 반복해 첫 줄을 완성합니다.

8 상단의 마지막 백 스티치 땀 밑으로 바늘을 통과시킵니다.

9 양옆의 세로변 각 첫번째 백 스티치 땀 아래로 바늘을 통과시키세요.

10 사진과 같이 윗줄의 첫번째 버튼홀 스티치 앞에 바늘을 걸어 당깁니다.

11 다시 바로 옆 첫번째와 두번째 버튼홀 중간에 바늘을 걸어 당깁니다.

12 앞의 과정을 반복해 두번째 줄을 채워주세요.

13 오른쪽 세로변의 통과했던 백 스티치 땀 아래로 바늘을 통과시켜 다시 나갑니다.

14 다시 양옆 세로변의 각 두번째 백 스티치 땀 아래로 바늘을 통과시킵니다.

15 바로 윗줄 첫번째와 두번째 버튼홀 중간에 바늘을 걸어 시작합니다.

16 과정을 반복해 세번째 줄을 채워주세요.

17 앞에서 통과했던 오른쪽 세로변 두번째 백 스티치 땀 아래로 다시 나갑니다.

18 다시 양옆 세로변의 각 세번째 백 스티치 땀 아래 바늘을 통과시킵니다.

19 윗줄의 첫번째 버튼홀 앞부터 바늘을 걸어 당깁니다. 같은 과정을 반복해 네번째 줄을 채워주세요.

20 마찬가지로 오른쪽 세로변의 백 스티치 땀 아래로 바늘을 통과시켜 나갑니다.

21 다시 사진처럼 줄을 바꿔 첫번째와 두번째 버튼홀 중간부터 바늘을 걸어 시작하세요.

22 들어왔던 백 스티치 땀 밑으로 바늘을 통과해 나갑니다.

23 면적을 다 채웠다면, 바늘귀 또는 가위 끝을 이용해 스티치 아래로 자투리 실, 또는 솜을 넣어 입체감을 만듭니다.

24 바늘을 아래쪽 백 스티치와 그 위 마지막 두 개의 버튼홀 중간 부분을 함께 걸어 통과시켜 당깁니다.

**25** 실을 내려 입구를 막아줍니다.

**26** 같은 방법을 반복해 입구를 막아주세요.

**27** 끝 모서리에 바늘을 찔러 내려가 마무리합니다.

**28** 코디드 디태치드 버튼홀 스티치 완성!

**29** 측면에서 바라본 입체적인 모습.

## 페더 스티치

1 도안선을 그립니다.

2 왼쪽 꼭짓점으로 올라와 실을 끝까지 당겨준 뒤 오른쪽 꼭짓점을 찌릅니다.

3 실을 아래로 내리고 중앙 아래로 올라옵니다.

4 실을 끝까지 당겨 모양을 만듭니다.

5 이어서 오른쪽 점을 찌릅니다.

6 중앙 아래로 올라옵니다.

7 실을 끝까지 당겨 모양을 만듭니다.

8 반복해 수놓습니다.

9 아래에 찔러 고정시킵니다.

10 페더 스티치 완성!

# 프렌치 노트 스티치

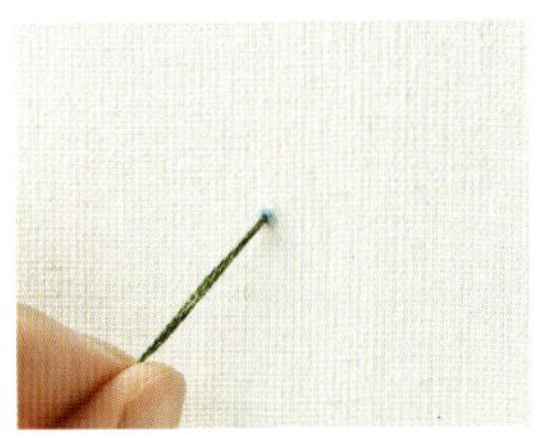

1 수놓고 싶은 위치로 올라와 사진처럼 실을 잡습니다.

2 잡은 실 위로 바늘을 올려주세요.

3 실을 한 바퀴 감습니다.

4 총 2회 감은 모습(도안에 따라 감는 횟수를 조절합니다).

5 바늘을 위로 세워주세요.

6 같은 땀 구멍으로 바늘을 찔러줍니다.

7 바늘을 세운 뒤 실을 당겨 조입니다.

8 뒷면에 있는 바늘을 힘있게 잡아 천천히 빼주세요.

9 프렌치 노트 스티치 완성!

10 감는 횟수에 따라 크기가 달라집니다. (사진은 왼쪽에서부터 1회, 2회, 3회)

# 플라이 스티치

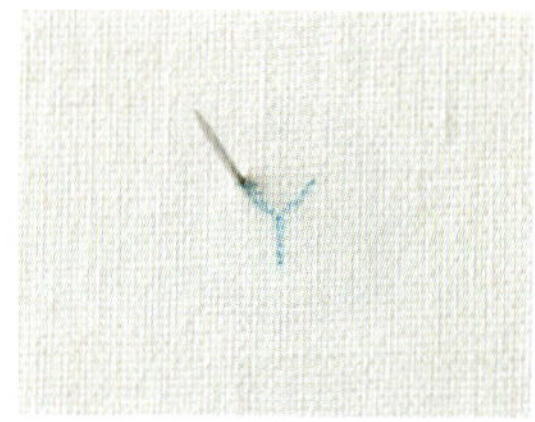

1 왼쪽 꼭짓점으로 올라옵니다.

2 실을 아래로 내리고 반대쪽 꼭짓점을 찔러 내려간 뒤,

3 이어서 중앙 꼭짓점으로 올라옵니다.

4 실을 끝까지 당겨 모양을 만들어주세요.

5 아래 꼭짓점을 찔러 내려가 끝까지 당깁니다.

6 플라이 스티치 완성!

## 플랫 스티치

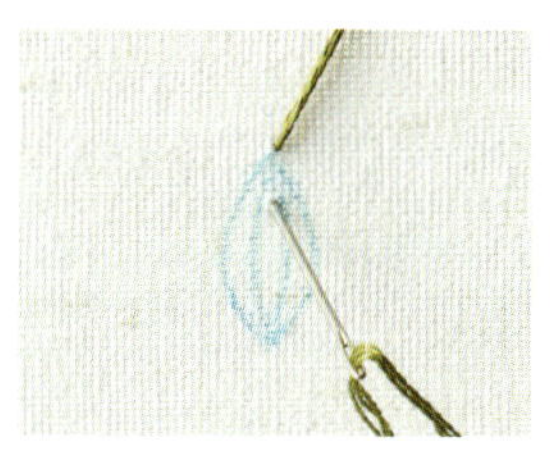

1 도안선 맨 위 꼭짓점에서 올라와 아래쪽으로 한 땀 수놓습니다.

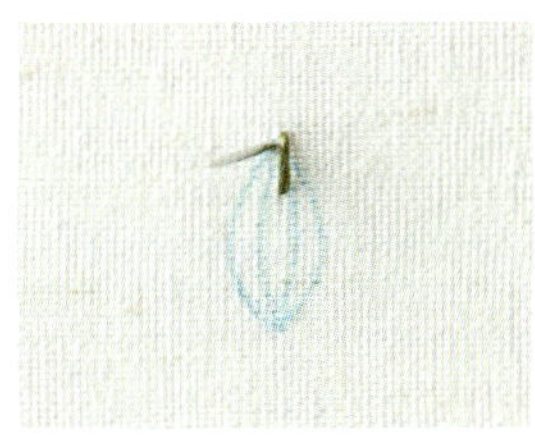

2 왼쪽 상단 바깥선에 찔러 올라오세요.

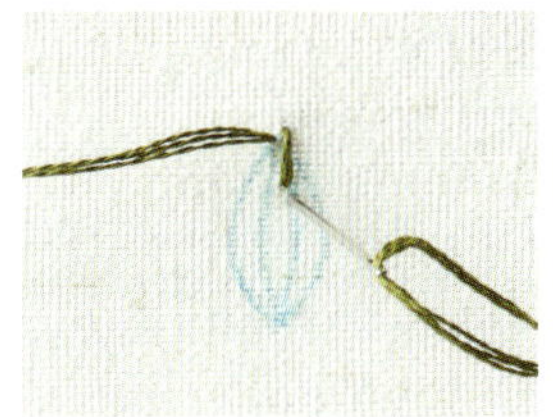

3 사선 방향의 안쪽 선에 찔러 내려갑니다.

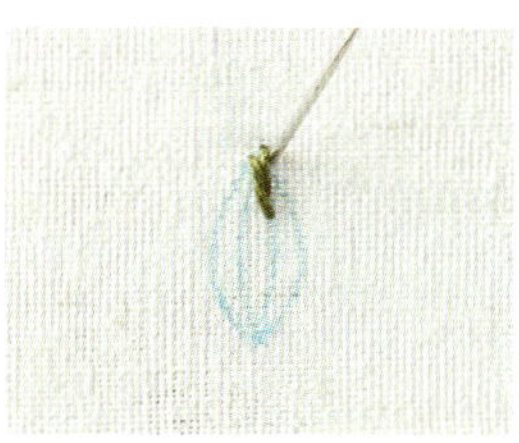

4 오른쪽 상단 바깥선에 찔러 올라오세요.

5 조금 더 아래 사선 방향 안쪽 선으로 찔러 내려가세요.

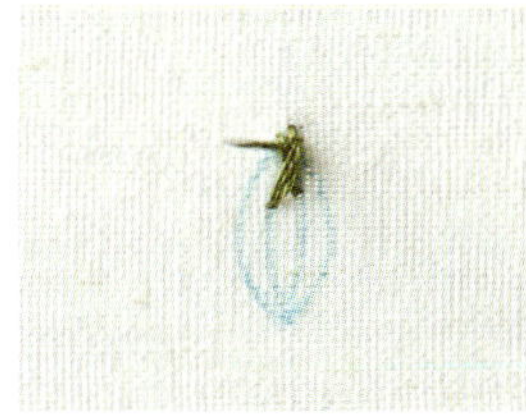

6 다시 왼쪽 상단 바깥선에 찔러 올라옵니다.

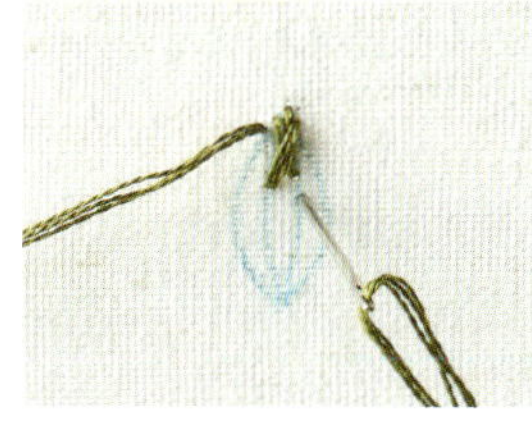

7 조금 더 아래 사선 방향 안쪽 선에 찔러 내려갑니다.

8 다시 오른쪽 상단 바깥선에 찔러 올라오세요.

9 다시 조금 더 아래 사선 방향 안쪽 선에 찔러 내려갑니다.

10 면적을 다 채울 때까지 앞의 과정을 반복해 수놓습니다.

11 아래 꼭짓점에 찔러 마무리합니다.

12 플랫 스티치 완성!

# 실제 크기 도안

TRIP

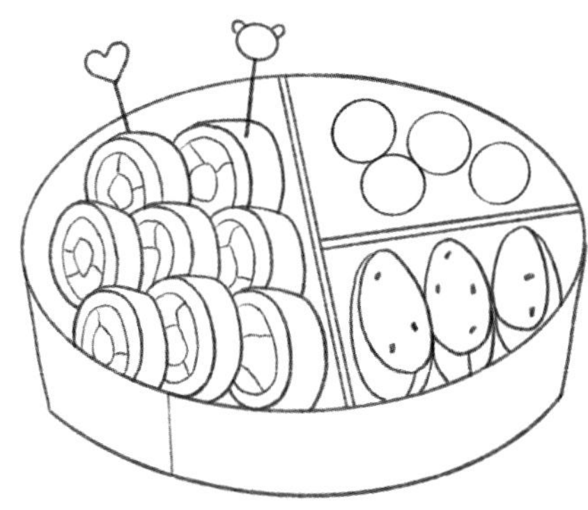

# 준비

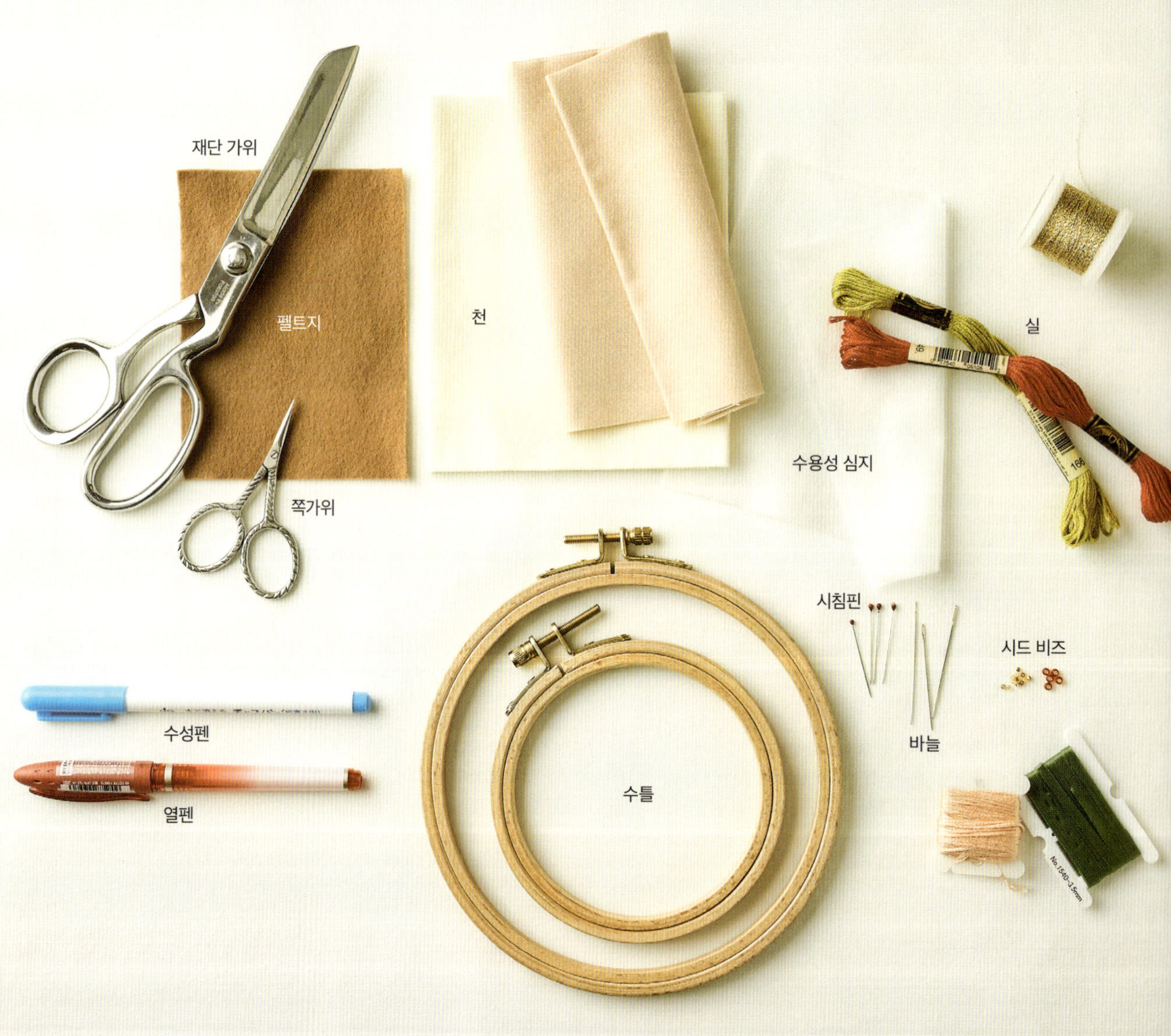
재단 가위
펠트지
천
실
수용성 심지
쪽가위
시침핀
시드 비즈
바늘
수성펜
수틀
열펜

# 준비물

**쪽가위** 실 재단 전용 가위. 실을 자를 때 혹은 마무리 매듭을 자를 때 사용합니다.

**재단 가위** 천 재단 전용 가위. 천이나 펠트지를 자를 때 사용합니다.

**펠트지** 소프트한 질감의 무수지 펠트지. 주로 넓은 면적을 채우는 아플리케 기법에서 사용합니다.

**천** 다양한 종류의 천을 사용하지만, 리넨이나 광목 소재가 수를 놓기 가장 적합합니다.

**수용성 심지** 물에 녹는 헝겊. 도안 위에 올린 뒤 열펜을 사용해 옮겨 그립니다. 물에 닿지 않게 주의합니다.

**수성펜** 물에 녹는 수용성 펜으로, 도안을 옮겨 그릴 때 사용합니다.

**열펜** 기화성 펜. 원단에 직접 또는 심지에 도안을 옮겨 그린 뒤 다리미나 드라이기의 열로 지워줍니다.

**수틀** 천을 잡아주는 고정 틀. 나사를 조여 천을 팽팽하게 고정시켜주며 손목을 보호해주는 역할을 합니다.

**시침핀** 바느질할 때 또는 심지를 고정할 때 사용합니다.

**바늘** 자수할 때 쓰는 바늘은 일반 바늘에 비해 바늘귀가 큽니다. 다양한 호수를 사용합니다.

**시드 비즈** 작지만 입체감이 있어 작품의 포인트를 주는 데 쓰입니다.

**실** 작품을 수놓을 때 사용하는 실. 책에서는 다양한 질감과 굵기의 실을 사용했습니다.

## 자수실의 종류

1 DMC 메탈릭사 1가닥 꼬임으로, 얇고 은은한 펄감이 있습니다.

2 DMC 라이트 이펙트사 폴리 100%의 6가닥 꼬임으로, 펄감이 있습니다.

3 A.F.E사 손염색사의 리넨사로, 뻣뻣한 질감이 있습니다.

4 발다니사 손염색사의 펄코튼사로, 프랑스 자수 및 퀼팅 등 다양한 용도로 사용됩니다.

5 애플톤사 울 100%로 2가닥이 꼬여 있습니다. 수를 놓으면 볼륨감 있게 표현됩니다.

6 DMC 그라데이션사 6가닥이 꼬여 있으며, 4~5가지의 색이 섞여 있습니다.

7 DMC 에투알사 면과 금속 폴리 재질로 만들어져 부피감이 있고 반짝임이 표현됩니다.

8 DMC 25번사 보편적으로 가장 많이 사용하는 실입니다. 면 100%로 6가닥이 꼬여 있으며, 다양한 색이 있습니다.

9 로사울사 5가닥이 꼬여 있으며 보슬보슬하고 부피감이 있는 것이 특징입니다.

10 모쿠바 리본 자수사 리본 자수에서 가장 많이 쓰이는 실입니다. 아크릴 100%로 만들어져 쉽게 주름지지 않습니다.

## 실 준비하기

**1** 실과 보빈을 준비합니다.

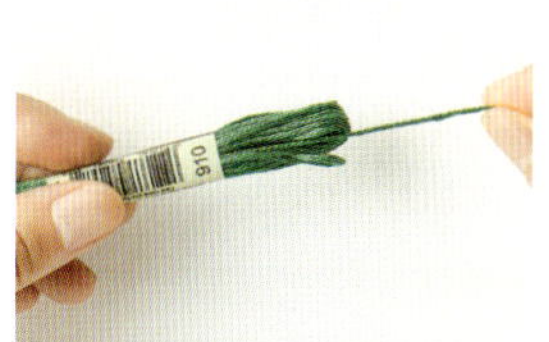

**2** 실 번호가 적힌 라벨 아래에 나와 있는 실 끝을 잡습니다.

**3** 실 끝을 보빈 하단의 구멍으로 통과시켜 반만 걸칩니다.

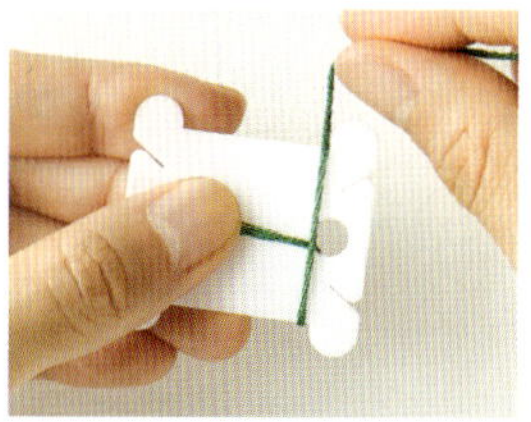

**4** 실 끝을 엄지손가락으로 눌러 고정한 채 실을 감습니다.

**5** 한쪽에만 뭉치지 않도록 균일하게 감습니다.

**6** 다 감고 난 뒤, 실 끝은 보빈의 모서리 부분에 끼워줍니다.

**7** 번호 스티커나 펜을 사용해 실 번호를 표기합니다.

## 실의 가닥 빼서 바늘 넣기

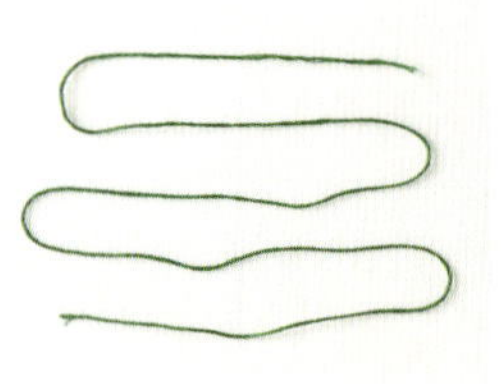

1 필요한 만큼의 실을 잘라 준비합니다.

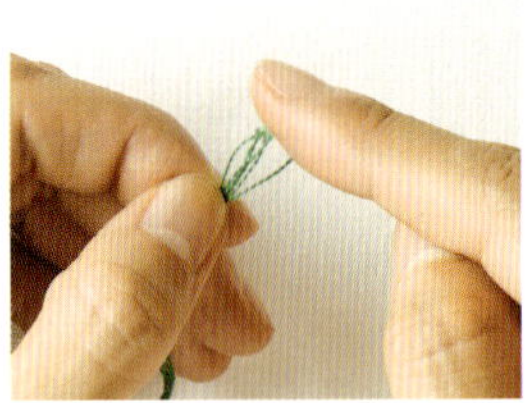

2 실 끝을 손가락으로 비벼 가닥을 분리시킵니다.

3 한 가닥을 잡고 천천히 당겨 뺍니다.

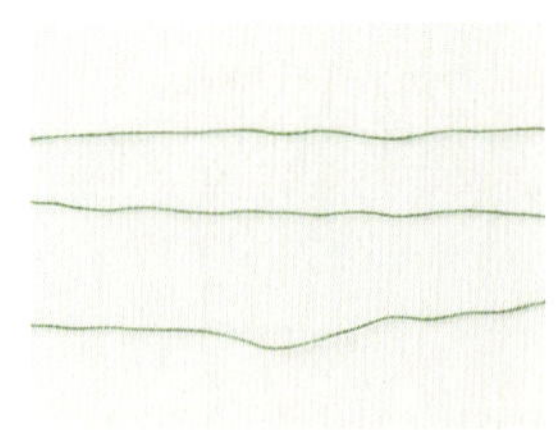

4 한 가닥씩 분리한 실을 필요한 만큼 다시 합칩니다.

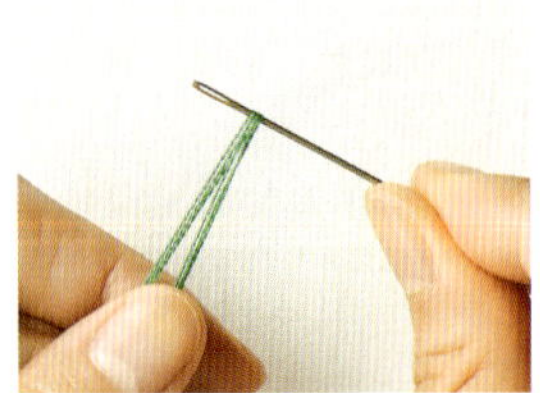

5 실을 바늘에 걸쳐 팽팽하게 당깁니다.

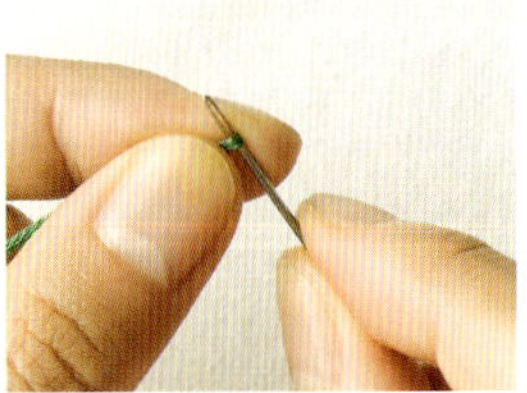

6 접힌 실을 손가락 끝으로 눌러 잡아 바늘 밖으로 빼낸 뒤,

7 접힌 채로 바늘귀에 밀어 넣습니다.

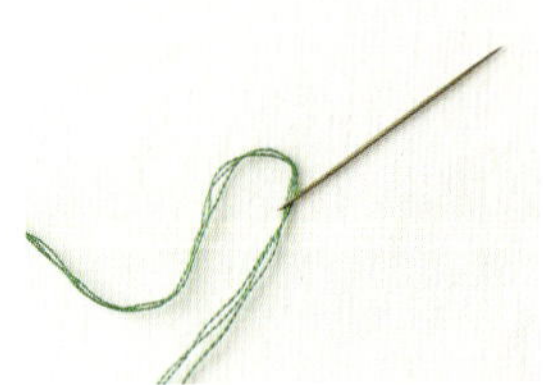

8 바늘귀에 실 넣기 성공!

## 실 매듭 짓기

1 실에 바늘을 꿴 채 사진과 같이 실의 한쪽 끝을 잡습니다.

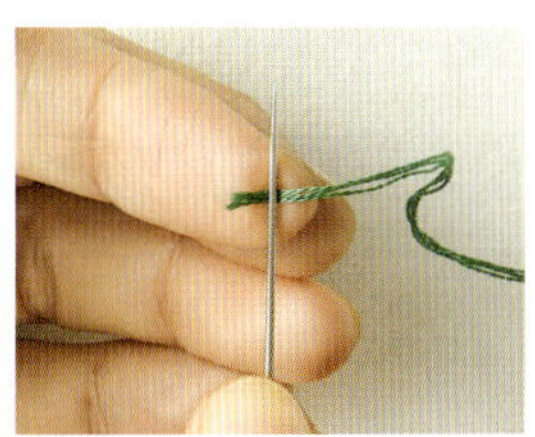

2 바늘 끝을 실 위에 올려줍니다.

3 만나는 부분을 엄지로 눌러 잡습니다.

4 바늘에 실을 두 바퀴 감습니다.

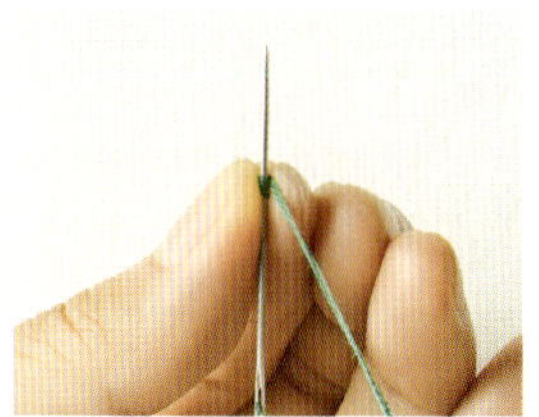

5 실을 내려 손가락 사이로 숨겨줍니다.

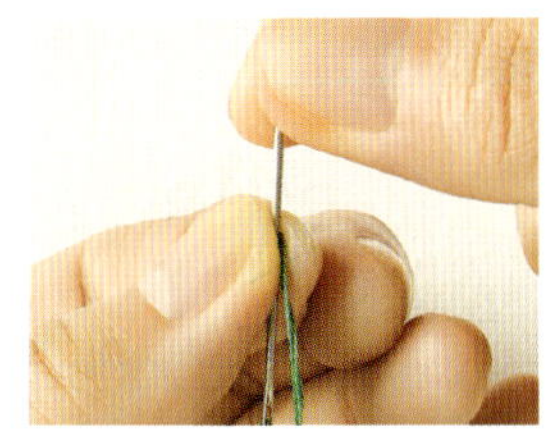

6 실을 눌러 잡은 동시에 바늘만 위로 올려서 뺍니다.

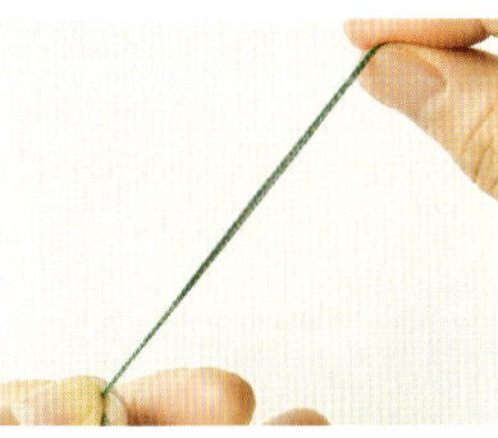

7 실을 끝까지 당깁니다.

8 끝 부분은 2mm 정도 남기고 잘라 정돈합니다.

## 도안 옮기기

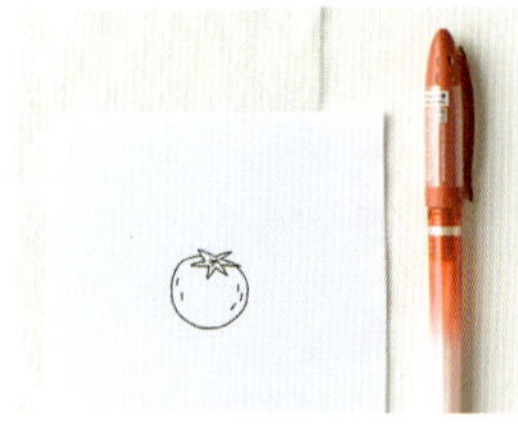

1 수용성 심지, 도안, 열펜을 준비합니다.

2 도안 위에 심지를 올립니다.

3 열펜으로 선을 따라 그립니다.

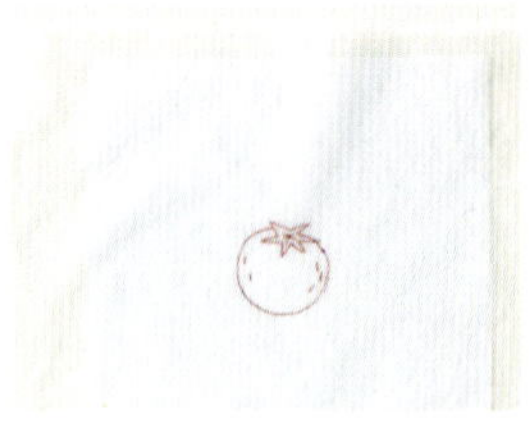

4 심지에 도안을 옮긴 모습.

5 수놓을 천 위에 도안을 옮긴 심지를 올립니다.

6 수틀에 천과 심지를 동시에 끼워 고정합니다.

## 마무리하기

1 실을 당긴 채 그 위에 바늘을 올립니다.

2 사진과 같이 감은 실 사이로 바늘을 통과시킵니다.

3 실을 양쪽으로 팽팽하게 잡아당겨 천과 맞닿게 조입니다.

4 천과 실이 맞닿은 부분을 누른 채 실을 끝까지 당깁니다.

5 매듭이 완성된 모습.

6 근처 실 밑으로 바늘을 통과시킵니다.

7 한 번 더 반복합니다.

8 끝 부분을 짧게 자릅니다.

9 깔끔하게 마무리된 모습!

**멘티와 매일매일 자수 3**
**두근두근 피크닉**

**1판1쇄 펴냄** 2021년 6월 28일

**지은이** 류성아
**사진** 15studio 이현실

**펴낸이** 김경태
**편집** 최은영 / 홍경화 성준근 남슬기 한홍비
**디자인** 김리영 / 박정영 김재현
**마케팅** 전민영 서승아
**경영관리** 곽근호
**펴낸곳** (주)출판사 클
**출판등록** 2012년 1월 5일 제311-2012-02호
**주소** 03385 서울시 은평구 연서로26길 25-6
**전화** 070-4176-4680
**팩스** 02-354-4680
**이메일** bookkl@bookkl.com
**ISBN** 979-11-90555-57-9 13630
이 도서의 국립중앙도서관 출판예정도서목록은 서지정보유통지원시스템 홈페이지(http://seoji.nl.go.kr)와
국가자료공동목록시스템(http://www.nl.go.kr/kolisnet)에서 이용하실 수 있습니다.